贝茜成长的奥秘

Understood Betsy

〔美〕多萝茜·费希尔 著　常小丽 译

中国妇女出版社

图书在版编目（CIP）数据

贝茜成长的奥秘 /（美）费希尔著；常小丽译. --北京：中国妇女出版社，2016.10

（蒙台梭利早期教育经典原著）

ISBN 978-7-5127-0623-1

Ⅰ.①贝… Ⅱ.①费…②常… Ⅲ.①儿童文学—长篇小说—美国—现代 Ⅳ.①I712.84

中国版本图书馆CIP数据核字（2016）第094717号

贝茜成长的奥秘

作　　者：〔美〕多萝茜·费希尔　著　常小丽　译
责任编辑：王　琳
封面设计：孟　燕
责任印制：王卫东
出版发行：中国妇女出版社
地　　址：北京市东城区史家胡同甲24号　　邮政编码：100010
电　　话：（010）65133160（发行部）　　65133161（邮购）
网　　址：www.womenbooks.com.cn
经　　销：各地新华书店
印　　刷：北京通州皇家印刷厂
开　　本：165×235　1/16
印　　张：12
字　　数：150千字
版　　次：2016年10月第1版
印　　次：2016年10月第1次
书　　号：ISBN 978-7-5127-0623-1
定　　价：26.00元

前　言

玛丽亚·蒙台梭利是意大利第一位女医学博士，是20世纪享誉全世界的杰出幼儿教育家。1870年8月，玛丽亚·蒙台梭利在意大利安科纳地区的基亚拉瓦莱小镇出生。父亲亚历山德鲁·蒙台梭利是贵族后裔，性格平和。母亲瑞尼尔·斯托帕尼知识渊博，善良，开明。玛丽亚·蒙台梭利是独生女，深得父母的宠爱，自小受到良好的家庭教育，并且养成自律、自爱、乐于助人的独立个性。

蒙台梭利在实验、观察和研究的基础上，创立了给世界教育带来翻天覆地变革的蒙氏幼儿早期教育法，风靡整个西方世界，对欧美国家的教育和社会发展有着深刻的影响。她认为，一直以来，儿童的成长都在受成人的压制，成人在各个方面干涉儿童的自由行动，成人对儿童的教育都是强制性的。她提出，成人必须信任儿童内在的力量，因为儿童有一种与生俱来的“内在生命力”，而教育只是为了促进儿童“内在潜能”的发挥。蒙台梭利教授通过观察和“儿童之家”的实验，提出了儿童发展敏感期、心灵胚胎期、儿童在“工作”中成长等一系列对今天的早期教育仍然影响广泛的规律。

到目前为止，蒙台梭利的著作被翻译成30多种文字，蒙台梭利学校遍及110多个国家和地区。在中国，以蒙氏教育为基础创立的早期教育机构和幼儿园，受到越来越多父母和儿童的喜爱与信赖。

为了传播蒙台梭利经典早教理念，我们策划出版了本套“蒙台梭利早期教育经典原著”系列。本套丛书除收录了《蒙台梭利早期教育法》《蒙台梭利儿童教育手册》《童年的秘密》《发现孩子》《有吸收力的心灵》这五本蒙氏早教经典理论原著外，还特意加入美国作家多萝茜·费希尔所著小说《贝茜成长的奥秘》，希望家长在阅读蒙氏理论的基础上，对蒙氏教育的效果和实际运用能有一个更好的认知。

《蒙台梭利早期教育法》是蒙台梭利的第一本儿童教育专著，也是对她亲手创立的“儿童之家”的经验总结。本书揭示了蒙台梭利的教育原理和教育方法，主张从日常生活训练入手，配合良好的学习环境、丰富的教具，让儿童自发学习、独立思考、自我发现、自我教育和自我成长。通过应用蒙氏早教法，孩子不但能轻松、愉快地掌握阅读、计算的基本能力，还能掌握相当多的自然知识，更重要的是会对学习产生浓厚的兴趣。

《蒙台梭利儿童教育手册》为一本操作性手册，是蒙台梭利在美国传播蒙氏教育方法时所写。所有“儿童之家”运用的教具都有相似之处，本书详细讲解了如何针对儿童使用这些教具，以及该如何为孩子提供一个能够进行“自我教育”的环境，以刺激儿童观察力、认知力和判断力的发展。蒙台梭利在书中强调，教育每个孩子的方法都是不同的，无论是老师还是家长，成人的作用是让孩子自己去尝试，自己发现错误，甚至在学习中让他们冒必要的风险，这样才能让他们更好地成长。本书是蒙台梭利教学方法的全面讲授，是应用蒙台梭利教育方法的必备手册。

《童年的秘密》揭开了儿童心理发展的神秘面纱，提出了“敏感期”这一极富革命性的理念，即儿童在智力、节奏、运动、人物角色认识和工作等方面的发展拥有一个特殊的敏感期，处于敏感期的孩子会根据“敏感性”的指令，以一种独特的方式从周围的环境中进行吸收和学习。抓住敏感期，将对儿童的发展起到极大的促进作用。同时，本书也对父母教育孩子的方式进行了反思，指出成人应该处于观察者的地位，不要压抑孩子的发展，要学会富有智慧地爱孩子。

《发现孩子》开创性地讲述了儿童是怎样一种存在，指出孩子应自主观察周围的世界，学会集中注意力，自然地进行学习和成长。蒙台梭利以此为基础，努力地进行着打破传统教育的探索，去寻求爱孩子和理解孩子的新方法，提出了独特的、革命性的儿童观，揭示了儿童具有的内在潜力，展现了儿童是作为一种积极的、活动的、发展的存在。她描述了孩子的特性，以及更充分地唤起孩子学习和成长热情的方法，并将幼儿作为一个活生生的人来看待，提出教育的任务是激发儿童内在潜能的发展，而成人能做的就是为其提供所需要的环境，让孩子自由地成长。

《有吸收力的心灵》是集蒙台梭利的理论思想与方法经验的大成之作，呈现出蒙台梭利的革命性教育观念。本书中，蒙台梭利从儿童的心理和生理特点出发，结合实际的现象和自身所得经验，揭示出了大自然赋予儿童的内在发展力量，阐释了儿童具有吸收能力的心智特点，思考着儿童与成人、儿童与社会、儿童与自然的关系，具有一定的启发性。本书体现的是蒙台梭利后期的一些教育思想，其中一些理念超前于她的教育界和心理界的同行。特别是，书中提出了人类自身的自然发展的重要作用，提出了孩子的知识是通过他们在自己所处的环境中吸取经验获得的，以及教育必须与人类自身的实际相符合等。本书对儿童发展和传统教育的思考与分析，对于家长、教育工作者、心理学家及所有研究儿童和社会的人都具有非常重要的价值。

《贝茜成长的奥秘》是美国作家多萝茜·费希尔所著的一部长篇小说。小说中讲述了一个叫伊丽莎白·安的女孩，从小失去双亲，由敏感多疑的亲戚哈利特一家抚养长大。她在哈利特家的时候，什么也不用做，什么也不用操心，因为所有的事都有人替她解决了。因此，9岁的伊丽莎白·安依旧什么也不会做，而且性格懦弱、胆小、敏感。后来，伊丽莎白·安被迫离开哈利特一家，来到帕特尼农场生活。帕特尼一家虽亲切地叫她“贝茜”，但在这里，贝茜所有的事都要自己做，还要学着大人的样子，自己想办法解决眼前面对的难题。就这样，贝茜在跨越了生活中一个又一个难题的同时，得到了成长，变成一个坚强、独立、自主的女孩。本书印证了蒙氏早教理论中，孩子心灵成长的规律，揭示出家长与孩子间真正的关系，提倡给孩子充分发展的空间，使其在自由的环境中，发现自我，独立成长。蒙台梭利对本书评价道：“父母和孩子都应该读一读《贝茜成长的奥秘》。这样不仅能够加深父母与孩子之间的理解程度，还可以使父母了解如何给孩子营造自由的成长空间，使孩子找到自我和生活的乐趣。”

本书编委会

2016年6月

目 录

第1章

哈利特姑婆患了咳疾

这个故事得从一个叫伊丽莎白·安的九岁小女孩说起。她和姑婆哈利特住在美国一个不大也不小的城市里，这个城市位于美国中部一个不大也不小的州里。姑婆哈利特是个寡妇，家境普通，不穷也不富有。姑婆有个女儿叫弗朗西斯，是城里给女孩上钢琴课的老师。尽管她们是隔代的亲戚，伊丽莎白·安还是管弗朗西斯亲切地叫姑妈。哈利特姑婆和弗朗西斯姑妈还收留了一个名叫格蕾丝的“姑娘”。她患有严重的哮喘病，而且格蕾丝已经年近五十，早就算不上是“姑娘”了。因为格蕾丝咳嗽得很厉害，没有人愿意雇用她，所以好心的哈利特姑婆就收留了她。格蕾丝一咳嗽，整栋房子的人都能听到。

姑婆哈利特是一个体形单薄瘦小的老婆婆，格蕾丝是一个体形单薄瘦小的中年妇女，弗朗西斯姑妈是一个体形单薄瘦小，还算年轻的女人，而伊丽莎白·安是一个体形单薄瘦小的小姑娘。按理说她们不愁吃喝，也不知道为什么，她们都如此单薄瘦小！

这世上恐怕再也找不到比哈利特姑婆和弗朗西斯姑妈更善良的人了。伊丽莎白·安还是个小婴儿的时候，父母就不幸去世了。尽管伊丽莎白·安有叔叔、姨妈、姑妈、舅舅等很多亲戚，但是哈利特母女两人抢先把这个小孤女带回家，一直尽心尽力照顾至今。“把这个小生命从别的亲戚那里抢过来是我们的职责，”哈利特母女对彼此说，“因为其他人根本不知道如何把一个敏感脆弱的小婴儿养大成人。”哈利特母女十分确定，伊丽莎白·安六个月大的样子就表明她长大后会是一个敏感脆弱的女孩。

哈利特母女的当务之急，就是把亲爱的爱德华的孩子——伊丽莎白·安从帕特尼一家手里抢过来。他们从位于佛蒙特州的农场来信说，自己十分乐意收养这个小女孩，并把她带到他们的农场里养大。哈利特姑婆念叨了很多次：“这孩子谁养都行，就是不能给帕特尼一家。”哈利特姑婆和帕特尼一家并没有血缘关系，只是姻亲。“他们一家人冥顽不灵、冷血无情、不善言辞、感情内敛，是典型的新英格兰人。那年夏天，弗朗西斯，那时你还是个小婴儿，我租住在他们家附近。他们是怎么对待到他们家串门的孩子们的，我永远也不会忘记。哦，不，我不是指他们辱骂或者欺负那些孩子，只是他们太缺乏同情心，对孩子们敏感细腻的内心漠不关心，根本不知道他们想些什么。我永远不会忘记那些情形！帕特尼一家人给他们安排农场里的杂事，就好像他们雇用了那些孩子一样！”

哈利特姑婆不是成心在伊丽莎白·安面前讲这些话的，可是小孩的耳朵一向都很敏锐，总能听到他们想知道的事。因此，伊丽莎白·安在很小的时候就清楚地知道哈利特姑婆对帕特尼表亲一家人的态度。尽管她不知道哈利特姑婆说的“杂事”是什么，但从姑婆的语气中可以推测出，“杂事”肯定是很可怕的东西。

哈利特姑婆和弗朗西斯姑妈绝不会冷漠、粗暴地对待伊丽莎白·安。刚把小婴儿接过来住时，弗朗西斯姑妈就把小说、杂志通通丢到一边，开始阅读育儿书籍。她还加入了一个妈妈俱乐部，每周参加一次交流活动。并且，她报名参加了芝加哥一所学校的育儿函授课程，定期阅读学习新的育儿内容。当伊丽莎白·安九岁时，弗朗西斯姑妈觉得自己都快成育儿专家了。同时，伊丽莎白·安也从这些育儿法中受益良多。

伊丽莎白·安和弗朗西斯姑妈十分亲密。弗朗西斯姑妈会与伊丽莎白·安分享每一件事和每一个看法。姑妈非常在意小女孩的心思。“大多数孩子之所以烦恼，”弗朗西斯姑妈说，“就在于他们的想法不被大人理解，所以我下定决心要彻彻底底了解伊丽莎白·安的内心想法。”弗朗西斯姑妈有这样的决心，是因为内心深处她总觉得自己的妈妈从未真正了解过她，所以对伊丽莎白·安，她立志要做得更好一些。弗朗西斯姑妈全身心地爱着这个女孩，努力使她远离所有伤害，盼着她能快乐、茁壮地成长。

然而，伊丽莎白·安长得既不是很茁壮，也不能说很健康。至于她快不快乐——读完故事后你自己来判断吧。与同龄的孩子相比，伊丽莎白·安显得个头矮小，身体单薄。她苍白的小脸上长着一双又黑又大的眼睛，总是流露出既惊恐又忧郁的神情。弗朗西斯姑妈把这一切看在眼里，疼在心头。

弗朗西斯姑妈本身也害怕很多东西，所以很有同情心。一旦有任何令人害怕的事情发生，她总是第一时间去安抚伊丽莎白·安。当她们外出散步时，姑妈总是时刻保持警惕，生怕有什么东西突然冒出来吓到伊丽莎白·安。若是有条大狗路过，弗朗西斯姑妈总会慌张地说："快过来，亲爱的，快过来！我肯定那是条温顺的狗狗。我不信它会咬小女孩。天啊！伊丽莎白·安，不要离它太近！到这儿来，亲爱的。如果它伤害你，就快躲到姑妈身后来。"每到这时，伊丽莎白·安都已经吓坏了。"看来我们最好拐个弯，走另一条路吧！"如果凑巧狗也跟了过来，弗朗西斯姑妈立马变身为勇敢的守护者，把吓得直哆嗦的小女孩护到身后，抄起雨伞一边驱赶狗，一边用颤抖的声音说："滚开，快滚开！"

如果哪天既打雷又下雨，弗朗西斯姑妈准会停下手里所有的事情，把伊丽莎白·安紧紧地抱在怀里，直到一切都平静下来。有时，伊丽莎白·安半夜会因为做噩梦而尖叫着醒来，弗朗西斯姑妈会立刻来到她的床边。由于夜里时常要起来，弗朗西斯姑妈索性就在睡衣外套了件厚长袍保暖，这样她就不会因为怕冷而急着赶回自己温暖的被窝。温暖的烛光照亮了姑妈疲惫、温和的脸庞。她总会用瘦弱的手臂把伊丽莎白·安紧紧地抱在怀里。“跟姑妈说说你做了什么噩梦，亲爱的，”弗朗西斯姑妈低声说道，“这样你就会很快忘了它的。”

周一至周五，每天早上九点十五分，弗朗西斯姑妈都会牵着伊丽莎白·安纤细白嫩的小手，穿过繁华的街道，护送她到学校那栋砖石砌成的教学楼里。大楼共有四层，可以容纳六百名学生同时上课。上课铃响之前，操场的声音可谓震耳欲聋。伊丽莎白·安一见这场面，就吓得魂不守舍，不得不靠弗朗西斯姑妈拉着她的手，才能穿过那群拥挤、嘈杂的孩子。事实上，没有人注意到这个女孩，甚至连她的同班同学都不知道她是否来了学校。弗朗西斯姑妈把她安全带离嘈杂混乱的操场，爬上又长又宽的楼梯，稳妥地带到班里。这时，伊丽莎白·安已经读三年级了。

中午，弗朗西斯姑妈会来接她回家，下午上课之前，上午的一切会再度重演。从学校回家的路上，弗朗西斯姑妈每次都会问：“今天班里发生什么事了？”伊丽莎白·安要是心算题做错了，她会鼓励安慰；要是单词拼写赢了施密特家的小女孩，她会开心骄傲；要是被老师的偏心伤害了，她则会愤愤不平。有时讲到自己在学校表现不好的地方或者心情沮丧的时候，伊丽莎白·安会伤心地哭起来。一般情况下，善良的弗朗西斯姑妈也会跟着流下眼泪。“可怜的小伊丽莎白·安。”姑妈用紧张、颤抖的声音说道。只要她俩都哭了的话，那天中午她们谁也吃不了多少饭菜。

放学后和周六，伊丽莎白·安有着各种各样的课外活动——钢琴课、自然科学课、美术课、缝纫课，甚至还有法语课（尽管弗朗西斯姑妈对自己的发音不是特别自信）。她这么做就是想让小姑娘接受尽可能全面的教育。

有一次，一些主妇来姑妈家串门，伊丽莎白·安对她们说：“无论学校里发生了什么事情，我第一个想到的就是姑妈会怎么看。”

“为什么呢？”她们一边问一边看向弗朗西斯姑妈。姑妈的脸上洋溢着幸福的笑容。

“哦，因为姑妈十分关心我的学习生活，而且她理解我！”伊丽莎白·安将她经常听姑妈说的话作为答案讲了出来。

弗朗西斯姑妈眼里闪着幸福的泪光。她把伊丽莎白·安叫过来，亲了亲她，还用消瘦的手臂尽可能地拥抱了她一下。伊丽莎白·安又长高了。

“不久之后，”其中一位到访的女士说，“你就会和你姑妈一样高了，变成一个叛逆的大姑娘。”

“她从小在我身边长大，一刻都没离开过我的视线，”弗朗西斯姑妈说，“我对她有信心。你永远都会和姑妈交心的，是不是，亲爱的？”

尽管伊丽莎白·安会编些故事讲给姑妈听，但是现在她暗下决心要对姑妈无话不谈。

弗朗西斯姑妈接着和客人闲聊："我真希望她没这么瘦小、苍白、神经质。我觉得紧张的现代生活不利于孩子的成长。我试着让她多呼吸些新鲜空气。每个好天气里，我都会带她出去走走。不过，由于经常在这一带转悠，我们都有些无聊腻歪了。这也使我弄不清楚到底她活动得够不够。我想是时候给她找个医生瞧一瞧了，然后再给她开点儿药。"她又对伊丽莎白·安补充道："别担心，亲爱的！姑妈不认为你的问题很严重。只要你乖乖按时吃药，马上就会好起来的。姑妈会好好照顾她最心爱的小姑娘的。她还会把病魔赶走。"

伊丽莎白·安之前并不觉得自己生病了，听了姑妈的话，脑海里不禁浮现起自己躺在白色的小棺材里，身上落满了白色花瓣的画面。不一会儿，弗朗西斯姑妈就抱歉说自己要照顾伊丽莎白·安，起身送客了。

类似的对话发生了好几次之后，一天，弗朗西斯姑妈真的请来了医生。医生步履匆匆地赶来，手里提着散发着皮革味的黑色方形包。医生目光如炬，每次来的时候都有些不情愿，就好像他走错了屋子似的。伊丽莎白·安非常怕见到医生。她骨子里感觉到医生会说她得了肺结核，将不久于人世。肺结核这个词是从格蕾丝那儿听来的，她总会提到早死之类的话题。

医生先拍打了几下伊丽莎白·安的身体，又查了查眼底，然后听了听她的呼吸，最后把她推到了一边。“这孩子根本没病，比牛还结实！她需要——”说着，医生看了一会儿弗朗西斯姑妈消瘦、焦虑的脸庞以及那紧锁的眉头。然后，他又看了看姑婆哈利特那同样焦虑、消瘦的脸和紧锁的眉头。最后，他还瞥到了门外格蕾丝那满脸焦虑的神情和紧锁的眉头。医生长叹一口气，闭上了嘴，默默地合上了诊断方包，并没有说伊丽莎白·安到底需要什么。

当然了，弗朗西斯姑妈是不会轻易放医生走的。当医生起身离开时，弗朗西斯姑妈缠住他，不停地问这问那：“但是，医生，这三个月来，她一斤肉都没长……她的睡眠……她的胃口……她的神经……”

医生边戴帽子边说：“多吃点儿牛排……多呼吸新鲜空气……保证睡眠充足……她就会好起来的。”医生的话听起来有些敷衍，不过他已经把该说的都说了。伊丽莎白·安有些失望。她以为医生会给自己开些半小时就可以吃一颗的神奇红药丸呢，就像格蕾丝的医生给她开的那种。

接下来发生的一件事情，永远改变了伊丽莎白·安的人生。这只是一件很小的事情——哈利特姑婆咳嗽了几声。

和格蕾丝的哮喘比起来，伊丽莎白·安不觉得姑婆的咳嗽有多严重。天气一冷，哈利特姑婆就会开始咳嗽，持续三四个月，大家都不会把它当回事。她们都在全身心地照顾伊丽莎白·安这个特别敏感、焦虑的孩子。

然而，一听到哈利特姑婆从手指缝里传出的咳嗽声，医生立刻转过身来，敏锐地盯着哈利特姑婆。医生脸上不耐烦的神情消失了，这还是伊丽莎白·安第一次见他对某件事这么感兴趣。“怎么了？”他一边说一边快步走到哈利特姑婆身边。他从包里掏出听诊器——中间是闪闪发亮的一个小圆盘，连着两根橡皮管。接着，医生把橡皮管的尾端塞到了自己的耳朵里，又把闪闪发亮的小圆盘贴在哈利特姑婆的胸口上。

“大夫，我没事，”哈利特姑婆说，“一到冬天我就会有点儿咳嗽。我本来想跟你说的，可我忘了。我一咳嗽，肺上就有一个地方会疼。”

为了听清楚，医生不礼貌地打断了姑婆的话，然后费力地用听诊器探听着。之后，他转过身来，瞪着弗朗西斯姑妈，似乎很生气的样子。“把这个孩子带走，你自己再回来。”

以上就是伊丽莎白·安所能记得的那个改变了她原有生活的大事。所有她生活里围着她打转的人和一成不变的日子都要离她远去了。

接下来的几天，一家人匆忙地为医生的治疗建议做着准备：哈利特姑婆已经病得很严重了，必须搬到一个气候温和的地方养病。弗朗西斯姑妈也得一同前往，但是伊丽莎白·安不能去，因为弗朗西斯姑妈要全身心地照顾哈利特姑婆。医生还建议最好不要让女孩和姑婆再住在一起了。

当然，格蕾丝也不能同去，不过让大家吃惊的是，她竟然说没关系。原来她有个开杂货店的单身哥哥，这些年一直希望她能去帮忙看房子。她还说，一直待在这里是出于责任心，因为她知道哈利特姑婆离不开她。

伊丽莎白·安没有开杂货店的哥哥。不过，她倒是有很多其他亲戚，可以让她轮流住上一段时间，直到弗朗西斯姑妈来接她回家。她去的第一家是与她们同住一个城市的莱斯罗普姨妈家，不过姨妈不怎么乐意收留伊丽莎白·安。

无论如何，有些事不得不马上做，弗朗西斯姑妈开始打包行李，着手准备搬家，她还非常担心自己的母亲，所以对伊丽莎白·安也不像从前那么照顾了。“莫莉，暂时帮我照顾一下她，”她对莫莉·莱斯罗普姨妈说，“我会很快想出别的办法的，到时候写信给你，会另作安排，但是现在……”

弗朗西斯姑妈的声音听起来有些发颤，而莫莉·莱斯罗普姨妈最怕哭哭啼啼，所以立马应道：“好，哦，好了，当然了，只是暂时。”离开时，她边走边想自己怎么就答应了这件烦心事。家里有个性情恶劣的婆婆要相处难道还不够她受的吗？现在又添了个神经过敏、娇生惯养的伊丽莎白·安要照顾！

伊丽莎白·安做梦都想不到莫莉姨妈是这么看待自己的，不过她却看得出莫莉姨妈不太情愿收留她。对于弗朗西斯姑妈突如其来、出人意料的改变，伊丽莎白·安有了一种被遗弃的感觉。以前弗朗西斯姑妈细致入微地照顾她，现在却一心只想着哈利特姑婆。

哈利特姑婆和弗朗西斯姑妈登上远去火车的那天，伊丽莎白·安除了用哭发泄她受伤的心灵外，什么也做不了。之后，莫莉姨妈拉起她的手，领着她回家。不过就在同一时间，老莱斯罗普夫人插手管起这事来。她是莫莉的婆婆，和伊丽莎白·安一点儿亲戚关系都没有，所以对于收留伊丽莎白·安更不热心。伊丽莎白·安看见一位老太太从二楼探出头来。老太太的脸既苍老又愤怒，而且还神经质地摇着头。“别动，待在人行道上，在那儿停下来！医生说布里奇特得了猩红热，要和我们隔离。现在把这孩子带到这儿来是行不通的，万一她被传染了，我们还得给她治病，隔离的时间就更长了。”

“可是，婆婆！”莫莉姨妈叫道，“我总不能把这孩子就这样扔在马路中间吧！”

听到这句话，伊丽莎白·安反而觉得特别开心，因为她知道自己是多余的。不过，对于曾经有一家子人围着转的小女孩来说，这种感觉并不好受。

“你没义务照顾她！”老莱斯罗普夫人从二楼窗户里探出身喊道，“你可以把她送给帕特尼一家。她一开始不去那儿简直没道理。帕特尼一家人一听说哈利特病了，就邀请她去。阿比盖尔是她母亲的亲姨妈，安就是她小姨——这小女孩和她们的关系就像和哈利特、弗朗西斯的关系一样近，比跟你的关系近多了。而且他们还有个农场，那儿才是她该去的地方！”

“可是，婆婆，太阳都落山了，”莫莉姨妈反驳道，“我能把她送到帕特尼家吗？你不能让九岁的孩子去一个千里以外的地方，没有……”

老莱斯罗普夫人打断了莫莉的话：“詹姆斯过几天要到纽约出差。他可以现在就出发，顺便把她带上。到了奥尔巴尼，把她送上火车，让帕特尼一家到希尔斯伯勒去接她。”

接下来发生的事就像老莱斯罗普夫人安排的一样，她的指示一下，其他人只有无条件地执行，没有什么“如果”和“但是”。伊丽莎白·安不得不再次背起背包，和同样背着背包的詹姆斯·莱斯罗普姨父一起出发了。伊丽莎白·安觉得自己是被送去一个再也没有好日子过的地方，哈利特姑婆就是这么说帕特尼一家的。

第2章

贝茜赶马车

当火车载着伊丽莎白·安驶向佛蒙特州和可怕的帕特尼一家时，她一直陷在恐惧里。一切发生得太快——背背包，发电报，赶火车——她都没来得及整理一下头绪，考虑一下，甚至连说声“不想去”的时间都没有。不过，伊丽莎白·安也知道，即使她说不想去，也没有人会理会她。现在，世界末日已经来了，弗朗西斯姑妈不能再照顾她了。即使在熟悉的环境里，如果没有弗朗西斯姑妈，她也感觉活不下去。现在，不仅没有人送她去帕特尼农场，而且她还要独自一人过去。

伊丽莎白·安在座位上颤抖着，随着离终点越来越近，她的恐惧感也越来越严重。她无精打采地望着车窗外的冬景，觉得寸草不生的田野，枯萎光秃的树木，水流湍急的小溪和山上被冲刷下来的雪水是那么可怕、丑恶。当想起哈利特姑婆经常说“伊丽莎白·安受不了冻”时，她不禁打了个寒战。那个荒凉的山村肯定是世界上最冷的地方了，而火车正载着她慢慢驶向那里。

火车扑哧扑哧地冒着蒸汽，震得伊丽莎白·安的身体也随着节奏一起一伏，但是火车越开越慢。伊丽莎白·安觉得脚下的车厢倾斜得都快要垂直于地面，立起来了。

“这坡很难走吧？”一名乘客对列车员说。

“可不是吗！”列车员回答，“不过下一站就是希尔斯伯勒了，那里就是山顶。之后，顺着下山路，我们就到拉特兰郡了。”列车员又转向伊丽莎白·安说：“嘿，小姑娘，你姨父说你在希尔斯伯勒下车，是不是？你最好先收拾一下行李。”

伊丽莎白·安一碰见陌生人就会因害怕而膝盖打软。当列车员送她下车时，他不得不把这个面色苍白、瑟瑟发抖的小女孩连同她的背包一起抱下车。此时，空旷的木制站台上除了一个陌生的身影，别无他人。一个表情严肃、头戴皮帽、身穿厚大衣的老人，正站在一辆马车前。

“帕特尼先生，她就是你要接的人。”列车员摸了摸帽檐表示礼貌。说完，他就回到了车上。火车轰鸣着开出车站，汽笛声在山间形成了回声，久久回荡着。

现在，只剩下伊丽莎白·安和她害怕的亨利姨姥爷了。姨姥爷朝她点点头，然后从马车底扯出一件暖和的大斗篷，披到了她的肩上。

“你姨妈她们怕你冻着。”他解释道。说完，他把她抱到高高的座位上，又把她的小背包扔进马车里，最后自己爬上来，吆喝着让马拉车。

伊丽莎白·安还以为漫长的火车旅行结束之后，会有人亲亲她，并且不止一次地对她说“旅途辛苦了”。她拘束地坐在高高的座位上，觉得自己被人忽视了。双脚悬在半空，她觉得自己在一个比最可怕的噩梦还要糟的地方。哦，为什么弗朗西斯姑妈不能在身边照顾她呢？现在这场景简直和自己做的噩梦一模一样，太可怕了！她肯定会摔下马车，卷进车轮里，被压成……她满眼惊慌地看着亨利姨姥爷——只要看到这个表情，弗朗西斯姑妈立马就会跑过来，耐心地倾听，同情她，安慰她。

亨利姨姥爷冷冷地看着她，他的脸饱经风霜，丝毫不为之所动。“来，你来赶马车，好不好，就一小段？”话音一落，他就把缰绳塞到伊丽莎白·安的手里，戴上眼镜，掏出一根短小的铅笔和一张小纸片。“我有些账目要算一算。拉左边的绳子，马就往左走；拉右边的绳子，马就往右走。路上应该不会遇到其他马车了。”

这时，伊丽莎白·安吓得快要叫出声来。尽管她对赶车的那两根缰绳立马产生了兴趣，但她还是小声地怪叫了一声。她连怎么解释都想好了。她要告诉亨利姨姥爷自己有多害怕，告诉他自己差点儿叫出声来，还要告诉他由于实在忍不住，自己才发出那么一小声的……

可是，亨利姨姥爷看上去压根就没听到她的那一声怪叫，或者他听见了，但觉得没必要问她怎么了，因为他……哦，马居然走到路边上去了！她想了想哪只是右手（之前她可从来没有如此迅速地做出过判断），然后她迅速拉动缰绳。马稍微抬了一下低着的头，然后十分神奇地回到了马路中间。

伊丽莎白·安长舒了一口气，抬起头，满是自豪，期待着来自亨利姨姥爷的表扬。可他仍在算账，就好像他赶着明天要上数学课似的，根本没有时间关心其他事情……哦，马又往左边去了！这次，伊丽莎白·安由于慌张，错误地拉动了左边的缰绳。马离开马路，走进了路旁的浅水沟里。马车跟着剧烈颠簸起来。救命！亨利姨姥爷为什么不帮我呀！亨利姨姥爷却好像什么也没有发生似的，依旧在信封上算着账。

伊丽莎白·安的额头上冒出了冷汗，她急忙拉了拉另一边的缰绳。马又重新回到了斜坡上。车轮摩擦着车厢下面的木板。伊丽莎白·安很肯定马车马上就要翻了！但是，马回到了马路上，安然无恙，而且亨利姨姥爷又列出了一长串算式。“只要他知道，”伊丽莎白·安想，“只要他知道刚才有多么危险，知道是怎么得救的……”不过，她眼下要想出办法让自己不再犯相同的错误。

突然，伊丽莎白·安的脑子里出现一个想法。这件事是那么简单，其实她根本不用知道哪边是左，哪边是右。如果她想让马往哪边走，她拉哪边的缰绳不就行了吗，马根本就分不清左和右！

此刻，她感到自己的脑袋像是苏醒了。她已经九岁，是三年级的学生了，但这还是她第一次有了自己的想法。在家的时候，弗朗西斯姑妈对她的所思所想了如指掌，总是帮她解决所有困难，有些时候甚至提前就想好了对策。在学校，老师经验丰富，反应比专家还要快。因此，总会有人不知疲倦地给伊丽莎白·安解释很多事情，以至于她从来没有认真探求过任何一件事情。这只是一个小发现，却是她自己的想法。伊丽莎白·安对自己这个小小的发现兴奋不已，就像鸟妈妈孵出第一只小鸟时一样。

伊丽莎白·安把自己害怕亨利姨姥爷这件事完全抛在脑后了，骄傲地跟他讲起了她的发现。“关键不是左右的问题，”她带着胜利者的喜悦总结道，“关键是你想让马朝哪边走！”

亨利姨姥爷的视线穿过老花镜的上端，专注地看着她。“嗯，现在，接着这样做吧。”他赞同道，然后又埋头算起账来。

这句评语非常简短，比伊丽莎白·安以前听过的所有评语都要简短。弗朗西斯姑妈和老师们总是长篇大论。但是，这句评语分量十足，听起来让人很有成就感。自己的观点得到了认同，让伊丽莎白·安觉得自己很受重视。于是，她接着赶起马车来。

拖着沉重的步子吃力地往前赶路的马匹们，在伊丽莎白·安和亨利姨姥爷说话的时候，突然停了下来。它们站在那儿一动不动，好像脚掌在地里生根了一样。伊丽莎白·安看着亨利姨姥爷，希望他能告诉自己下一步该怎么办。可是，他专注于算数当中。由于伊丽莎白·安被教导不要轻易去打扰别人，所以她静静地坐在那里，等待着亨利姨姥爷告诉自己该怎么办。

然而，此时正值冰雪融化的日子，天气非常寒冷，刺骨的寒风一个劲儿地往伊丽莎白·安的后脖颈里钻。冬天日照变短，已到黄昏，伊丽莎白·安觉得有些失落。她一边耐住性子等待着，一边想起在老家时那个在杂货店干活的男孩是怎么赶马车的。然后，她先是不安地瞥了一眼还在埋头算账的亨利姨姥爷，然后鼓足勇气扬起马鞭打在马的背上，并学着杂货店男孩的样子大声吆喝起来。马仰起头，身体向前倾，然后迈出了步子。如果伊丽莎白·安启动的是一辆红色大轿车，估计她会更得意了。这可是她完全靠自己的力量去完成的第一件事——每一个步骤，每一个细节！全部都出色地完成了！

接下来，伊丽莎白·安好像又赶了很长很长一段时间的马车。她赶得非常认真，心无旁骛。她赶着马绕过石头，吆喝着让它们绕过积雪融化后又结冰的泥坑，小心翼翼地保持它们走在马路的中央。不知道过了多久，亨利姨姥爷才把纸笔收好，从伊丽莎白·安手里接过缰绳，赶着马车进了一个院子。伊丽莎白·安心里不禁一惊。院子的一边是一栋低矮的白色房子，另一边是一个红色的大谷仓。亨利姨姥爷仍然一言不发，不过伊丽莎白·安猜这里就是帕特尼农场。

这时候，两个身穿条纹棉布裙子、系着白色围裙的女人从屋子里走了出来。其中一位年纪较长，另一位还算年轻，她们这种组合和哈利特姑婆、弗朗西斯姑妈母女俩一样。不过，她们和那母女俩长得并不像。长着棕色头发的那位看上去高大健壮，白发苍苍的那位面色红润，体态丰盈。她们微笑着看向坐在高座上的面色苍白、身材瘦小的女孩。“哈，爸爸，你把客人接来了，让我看看。”棕色头发的女人说道。她爬上马车，伸出双臂抱住伊丽莎白·安。“来吧，贝茜，该吃晚饭了。”她说得很自然，就好像伊丽莎白·安一直住在这里，只是出了一趟远门而已。

棕色头发的女人抱着伊丽莎白·安大步流星地走到门廊。“妈妈，你把她带进去吧！”她说道，“我帮爸爸卸马鞍。”

那个脸色红润、白发苍苍的老太太把伊丽莎白·安冻得冰冷的手握到她柔软、温暖的手中，领着她向开着的厨房门走去。“我是你的阿比盖尔姨婆，”她说，“是你妈妈的姨妈。抱你下马车的是你安姨妈。去镇上接你回来的是亨利姨姥爷。”她关上厨房的门后继续说道，“我不知道你姑婆哈利特跟你提起过我们没有，所以……”

伊丽莎白·安赶紧打断她说：“是的，哦，提过！她时常提起你们。她说得可多了，她……”这时，女孩停了下来，咬住嘴唇。

从伊丽莎白·安的表情里，阿比盖尔姨婆猜到哈利特姑婆以前都说了些什么，不过她只是微微皱了皱眉头。她严肃地说："很好，很好，这么说你已经很了解我们了。"说完，她转身走到烤炉前，从里面端出一盘热气腾腾的烤豆子，豆子的表面已烤得焦黄松脆。伊丽莎白·安讨厌吃豆子。阿比盖尔姨婆回过头说："贝茜，脱下你的外套，把它们挂到门后边最低的那个挂钩上。以后那个挂钩就是你的了。"

伊丽莎白·安笨手笨脚地解开了斗篷的带子和衣服扣。在老家，弗朗西斯姑妈或格蕾丝会帮她脱外套，并把外套收起来。带着一丝遗憾，她自己把衣服挂好了。阿比盖尔姨婆说："你肯定冻坏了。快搬把椅子到炉子这里来吧！"

此时此刻，阿比盖尔姨婆似乎已经忘记了她是客人。伊丽莎白·安坐在一把木椅上，双脚悬空，因为她被教导说把脚放到椅子的横档上是不礼貌的行为。伊丽莎白·安看看四周，又想起家来。这间简陋、低矮的屋子里只有几盏昏暗的煤油灯照明。很明显，他们没有雇用任何人，并像穷人一样在厨房里吃饭。没有人和她说话，没有人看看她，也没有人问旅途中她是怎样"坚持下来的"。在这个离弗朗西斯姑妈有上万里远的地方，没有人会关心照顾她的。她感到自己的人生是那么不幸，便情不自禁地流下了眼泪。

阿比盖尔姨婆根本没有看伊丽莎白·安，但是她从桌前经过时却突然停下来，边放下手里端着的一盘黄油边说“在这儿呢”，就好像她刚想起什么似的。她把一只小猫从炉子下方的空隙里抱了出来。那是一只还未长大，伸着懒腰，打着哈欠，眨着眼睛的猫崽。“贝茜，你看！”阿比盖尔姨婆边说边把那个黄白花儿的小毛球放到伊丽莎白·安的腿上，“它是去年夏天老惠特尼生的小猫崽，可是没有人愿意要它，结果它缠上我了。我有很多活儿要干。听说你要来，我就觉得你可以替我照顾它。如果你愿意，就喂喂它。以后，它就是你的了。”

伊丽莎白·安将瘦瘦的小脸凑到那个暖暖的、毛茸茸的、温顺的小动物旁。她不知道说什么才好。以前，她一直想养一只猫咪，可是弗朗西斯姑妈、哈利特姑婆和格蕾丝都认为猫会使这个小女孩感染上白喉、扁桃体炎或者其他致命性的疾病。她此刻动也不敢动，生怕这个小东西会从她腿上跳下去，跑掉了。不过，当她小心翼翼地弯下腰的时候，水手衫的领结也随之垂了下来，正好落到了打着哈欠的猫咪身上。它迅速伸出一只柔软的爪子，挠了挠那条领结。之后，由于太困了，小猫便转过头，用它那粗糙的舌头舔了舔伊丽莎白·安的手。

她尽量一动不动，直到小猫停下来，开始用爪子洗起自己的脸来。伊丽莎白·安把手伸到小猫的身体下面，笨拙地把它托起来，然后把自己的脸埋到猫咪柔软的毛里。这时，小猫又打了一个哈欠，粉嘟嘟的小嘴里溢出一股清新的奶香味。“哦，”伊丽莎白·安屏住呼吸，“哦，小亲亲！”听到伊丽莎白·安的话，小猫崽突然来了精神，好奇地盯着她看。

伊丽莎白·安抬头看着阿比盖尔姨婆说：“请告诉我，它叫什么名字呀？”但是，老太太正忙着翻烤架上的馅饼，没有听见。坐火车来这里时，她就下定决心绝对不会用叫亲爱的弗朗西斯姑妈的方式，称呼这些讨厌的亲戚为“姨婆、姨妈”的。但是，现在她忘记了自己的原则，又问了一遍：“阿比盖尔姨婆，它叫什么？”

阿比盖尔姨婆一脸茫然地看着她，“名字？”她说，“谁的……哦，小猫的吗？天哪，孩子，我六十年以前就不再给猫取名字了。你自己取吧。它是你的。”

伊丽莎白·安早就把猫的名字想好了。这个名字是以前她幻想自己有只猫时给取的。就叫它埃莉诺，这是她知道的最可爱的名字了。

阿比盖尔姨婆递给她一个水罐。“猫的食盆在水池底下。你不想给它倒点儿牛奶吗？”

伊丽莎白·安跳下椅子，把一些牛奶倒进猫食盆，并唤道：“来呀，埃莉诺！快来，埃莉诺！”

阿比盖尔姨婆用眼角的余光敏锐地看着伊丽莎白·安，并微微地笑了一下。不过，当她把最后一盘馅饼也端上桌时，她又变得和刚才一样严肃了。

伊丽莎白·安在地上蹲了很久，她看着小猫舔食牛奶。她站起来时，惊奇地发现脸冻得红红的安姨妈和亨利姨姥爷也都进到厨房里来了。

“大伙儿快来看，”阿比盖尔姨婆说，“你们不觉得我和贝茜为大家准备这么一桌丰盛的晚餐是非常了不起的吗？”

伊丽莎白·安愣住了。阿比盖尔姨婆是什么意思？她根本没有帮着做晚餐啊！不过，谁也没说什么，一家人全都围着饭桌坐下来，开始吃饭。伊丽莎白·安早就饿了，觉得这些奶油土豆、冷火腿、热可可和馅饼都不够她一个人吃的。令她庆幸的是，没有人因为她不吃豆子而对她说教。弗朗西斯姑妈总是在用各种各样的方法哄她吃豆子，因为豆子里蕴含着丰富的蛋白质，而正在成长的孩子需要这些蛋白质。这些理论她已经听了无数遍，简直都能倒背如流了，却丝毫没有改变她厌恶豆子的态度。不过，在这里好像没有人知道这个理论，伊丽莎白·安也不打算说出来。很显然，他们也不知道她的肠胃有多脆弱，因为以前没有人允许她吃这么多的馅饼。这些全都是她的！她从没有遇见过这样的事情。

他们还是没有问旅途中她是怎样“坚持下来的”，也没有问她任何其他的事情，甚至对她有些漫不经心，直到伊丽莎白·安飞快地把盘子里的东西一扫而光，他们才急忙把盘子填满。饭吃到一半，埃莉诺来了，跳到伊丽莎白·安的腿上，趴下来，小声地叫着。于是，伊丽莎白·安一只手抚摸着这个柔软的小毛球，另一只手继续往嘴里扒拉饭。

晚饭以后——好吧，伊丽莎白·安完全不记得饭后的事了，不过她感觉到有人把她抱到了楼上。那个人是安姨妈，她尽可能轻柔地抱起伊丽莎白·安，就像抱起一个婴儿似的。当她们来到天花板倾斜的阁楼里时，安姨妈坐在地板上，说道：“你刚才趴在桌子上睡着了。我猜你肯定是太累了。”

阿比盖尔姨婆正坐在一张大床的边上。那张床有四个支柱，顶端还挂着纱帐。她已经解开头绳，梳着头发。她的头发卷曲蓬松，像一条闪闪发光的白色瀑布，顺着她那张粉红色、布满皱纹的脸庞落下来。不一会儿，她又把头发重新挽了起来，戴上了一顶紧紧的白色睡帽，把帽带绑在了下巴底下。

“我们很晚才听说你要来，”安姨妈说，“结果来不及给你布置一间舒服的卧室，所以你只能先在这里睡几天。我想，这张床这么大，即便你和妈妈个头都不小，但是你们两个人睡还是没问题的。”

伊丽莎白·安又愣住了，她们说的话可真怪，她可没有姨婆那么胖！

“妈妈，你把谢普放出去了吗？”安姨妈问道。

阿比盖尔姨婆回答道：“哦不！我忘了！”

安姨妈什么也没说，走了出去。帕特尼一家人真是惜字如金。

伊丽莎白·安一直都睡得不是很实，她觉得自己只有四五岁大，这种感觉很不好，空荡荡的。她真想弯起胳膊捂住眼睛，但是她放弃了。冰冷的寒风吹着窗户，年代久远的窗框哗哗直响。窗台上还有一小堆没有融化的积雪。伊丽莎白·安打了个寒战，两条细小的腿直打哆嗦。她赶紧脱了衣服，换上睡衣。她的心里和身上一样感到冷。待在这么一个简陋的小屋里，跟这么一个陌生的老太太睡在一起，不可能有比这些更让人痛苦的事了。她太伤心了，连哭都哭不出来，伊丽莎白·安真是悲惨啊！

阿比盖尔姨婆说自己还要点着蜡烛看一会儿书，于是伊丽莎白·安先睡了。"无论怎样，"阿比盖尔姨婆说道，"我最好睡在外侧，免得你从床上掉下来。"

伊丽莎白·安和阿比盖尔姨婆静静地躺了很长一段时间。阿比盖尔姨婆在看一本又破又旧的小书。伊丽莎白·安认识那本书的名字叫《爱默生散文集》。一本同样的书一直放在哈利特姑婆家里正中央的那张桌子里，但是那本书很新，封皮发亮，伊丽莎白·安从来没见谁看过那本书。这是一本晦涩的书，既没有插图，也没有对话。伊丽莎白·安仰面躺着，看看水泥天花板上的裂缝，又看看冷风中烛光摇曳的影子。她开始感到有一股暖意渐渐地将自己包围。阿比盖尔姨婆的身体就像火炉一样温暖。

卧室里异常安静，除了教堂以外，伊丽莎白·安没有见过比这里更安静的地方了。哈利特姑婆家正好挨着一条铁轨，即使是晚上，她们依然会隐隐约约地听见车子驶过时发出的声响。而这间卧室里除了阿比盖尔姨婆默默地看书时发出的轻柔的翻书声以外，没有一点儿声音。伊丽莎白·安侧过身子，看着那张圆润的、爬满松弛皱纹的脸和那双专注看书、平和的眼睛。当她躺在暖暖的大床上，看着这么一张平和安详的脸，伊丽莎白·安突然有种陌生的感觉。她感到自己心中那个紧紧系着的结被慢慢地解开了。她的心底慢慢升起了什么，为此她深深地吸了一口气。

阿比盖尔姨婆放下书，低头看了看她。“你知道吗，”阿比盖尔姨婆用一种交谈的口吻说道，“你知道吗，我觉得家里又有小女孩了，真是太好了。”

这下，女孩心中的死结被彻底解开了。由于解得太快，伊丽莎白·安不自觉地哭了起来。但是，这些眼泪和她以往的眼泪完全不一样。这也是她在未来很长一段日子里最后一次流眼泪。

阿比盖尔姨婆一边说着“好了，好了”，一边靠向伊丽莎白·安，把她搂进了怀里。她没再说什么，只是把柔软的、满是皱纹的脸贴在伊丽莎白·安的脸上，直到呜咽声渐渐平息下来。然后，她又说道：“我听见你的小猫正在门外叫呢。要不要把它放进来？我觉得它想和你一起睡。这张床容得下我们三个。”

阿比盖尔姨婆边说边下了床，向门口走去。地板被她的体重压得直响，她的睡帽帽尖投下一道长长的奇形怪状的影子。然而，当她抱着猫崽回来的时候，伊丽莎白·安再也不觉得她的样子有多可笑了。她把埃莉诺递给伊丽莎白·安，然后又爬上了床。“好了，现在我们该睡觉了，”她说道，“把小猫放到你的内侧，别让它掉下去了。”

阿比盖尔姨婆吹熄了蜡烛，然后往伊丽莎白·安这边靠了靠，温暖的体温立刻把伊丽莎白·安包裹起来。小猫则蜷缩在女孩下巴底下的被子上。

伊丽莎白·安深吸了一口气，等她再次睁开眼睛的时候，阳光已经照在了窗户上。

第3章
短暂的早晨

阿比盖尔姨婆已经起床了，埃莉诺也走了。卧室里除了穿过小方格窗户的明媚阳光外，什么也没有。伊丽莎白·安边打哈欠边伸了个懒腰，然后看了看四周。墙上的墙纸真可笑——太过时了！墙纸上画着一条蓝色的河，一座棕色的磨坊被很多绿油油的柳树簇拥着，一个人牵着一匹驮着麻袋的马站在磨坊前。墙纸上的图案是不断重复的，所以当墙纸贴到墙角时，马的身子不得不被拦腰截断。伊丽莎白·安盯着墙纸看了很长一段时间，等着有人进来叫她起床。以前在老家，弗朗西斯姑妈总会叫她起床，帮她穿衣服。可是，在这里没有人这么做。她看到一股热气从地板上的小洞里冒了出来，而那个小洞与楼下的天花板相连。小洞里传来烤面包的香味，楼下还不时传来一阵阵沉闷的响声。

太阳越升越高，伊丽莎白·安也越来越饿。最后，她终于意识到根本不会有人来叫她起床。于是，她伸手拿起衣服，自己穿上了。穿好后，她来到走廊上，那种被人抛弃的感觉又回来了。她开始试着寻找楼梯。找到后，她一步一步走下来，并推开了台阶下的那扇门。棕色头发的安姨妈正在炉子旁边熨衣服。当她走进来的时候，安姨妈冲她一边点点头一边微笑着说："好呀，这下你肯定是彻底地歇过来了！"

"哦，我不是现在才睡醒，"伊丽莎白·安解释道，"我一直等人来叫我起床。"

"哦，"安姨妈将她黑色的眼睛稍微睁大了一些，说道，"是吗？"除此之外，她就没再多说什么。于是，伊丽莎白·安也没再说什么，她本打算说自己一直等着别人帮她穿衣服、梳头发。事实是，她觉得自己梳头的感觉很不错，尽管这是她第一次自己梳头。弗朗西斯姑妈是不可能意识到她的小姑娘已经长大了，可以自己梳头了，而且伊丽莎白·安自己也没有意识到她能够独自完成这件事了。但是，当她努力地把那凌乱的头发梳理整齐时，伊丽莎白·安的脑子里突然冒出了一个大胆的想法。伊丽莎白·安以前偷偷地嫉妒过班上的一个女孩，那女孩总把头发梳到脑后，用一条丝带系成马尾，再将丝带绑成一个蝴蝶结，显得很成熟。今天早上，伊丽莎白·安就要尝试一下那个发型。尽管她的脖子都转酸了，可她还是想达到那个梦寐以求的效果。不过，就在伊丽莎白·安享受自己梳头发的过程时，安姨妈却打算出手帮她，这让她感到很不舒服。

砰的一小声，安姨妈放下了熨斗，这声音和伊丽莎白·安在楼上时听到的一模一样。她开始一边叠餐巾一边说："你自己从那边的架子上拿个碗下来。炉子上的壶里有热燕麦粥，牛奶在蓝色的罐子里。你想吃面包和黄油的话，这里有一块刚烤好的面包，黄油在那个褐色的坛子里。"

伊丽莎白·安按照姨妈的指示，很快就安静地坐在了自己动手搭配的早餐前。在老家时，格蕾丝要超过半小时才能做好、摆好早餐，然后她还得等其他人一起用餐。她开始往外倒牛奶。突然，她停了下来。"哦，我想我这份可能倒多了！"她充满歉意地说。

安姨妈将目光从快速移动的熨斗上转向她，并诧异地问道："你那份？什么意思？"

"就是分给我的牛奶呀。"伊丽莎白·安解释道。在老家的时候，她们每天都会买一夸脱[1]牛奶和一杯黄油，所以她们分的时候总是小心翼翼，免得让别人吃亏。

"真是好姑娘！孩子，牛奶你想喝多少就喝多少！"安姨妈说，伊丽莎白·安刚才的解释让她大吃一惊。伊丽莎白·安心想，安姨妈的口气听上去就好像她家的牛奶是水龙头里流出来的一样。

伊丽莎白·安喜欢喝牛奶。当她坐下来享用早餐的时候，她开始

1　1夸脱约为1升。

环顾这间低矮的屋子。这间房子和她以前见过的任何一间都不一样。

当然了，它只是间厨房，不过这间厨房和以前家里的厨房很不一样。以前的那间很小，光线昏暗，充斥着格蕾丝的咳嗽声。而这间又窄又长，靠外的一侧全是窗户，上面挂满了白色的、有褶的帘子，这些帘子都分别拉到了一边。阳光从透亮的玻璃窗格里洒落到一个窄长的架子上，上面放着盆栽植物。架子上铺着闪闪发光的白油布，花盆都是红棕色的，盆里的植物枝叶茂盛，开着红白相间的小花。

伊丽莎白·安把整个厨房打量了一遍，从低矮的天花板一直看到干净的木地板上，最后又看了看那些洒满阳光的玻璃窗。在砖石砌成的教学楼里上学时的情景浮现在她眼前。有一次她坐在课桌前，某个游行队伍经过时，欢快的乐声飘满了整个校园。现在，只要她一看见明亮的阳光和艳丽的花朵，就会有一股悸动的感觉顺着她的脊柱由上而下流遍全身，就像那次听到欢快的乐声时的感受一样。

厨房里其中一边，也就是安姨妈熨衣服的那一边，有个火炉，黑亮亮的，上面的茶壶正嗡嗡作响。厨房的中央摆着一张饭桌，另一边摆着一张宽沙发，表面盖着一张毯子，毯子上搁着三个漂亮的靠垫。一个黑乎乎、毛茸茸的大家伙正躺在那张沙发上，大声地打着鼾。安姨妈看到伊丽莎白·安正紧张地盯着沙发上的东西，便说道："它是谢普，我们家的老狗。它打鼾的声音是不是很难听？妈妈说，晚上她一个人在家的时候，老谢普的打鼾声会跟她做伴，就像有个人在家似的。”

伊丽莎白·安不明白为什么一条打鼾的狗会跟一个人一样好。不过，她感到安姨妈的解释和昨晚她听到的帕特尼家的谈话一样古怪。这种说话的方式很奇特。以前，哈利特姑婆一家说话都是小心翼翼的，从不多说什么。这也许就是哈利特姑婆忘记说的“古怪的帕特尼的说话方式”之一吧。哈利特姑婆也许根本就没注意到这一点。

当伊丽莎白·安吃完早饭后，安姨妈用稀松平常的语调提了三个建议：“你要不要在油渍没有凝固之前就把盘子洗干净？你想不想吃一个边桌上盘子里的红苹果呀？然后，你也许想到处逛一逛，这样你就熟悉这里了。”

伊丽莎白·安从来没有洗过盘子，她以为只有贫穷、无知、雇不起女佣的人才会做这种事。不过，她觉得这些话在安姨妈面前最好不要说出来。此刻，安姨妈正笔直地站在那里，身上穿着格纹棉布裙，系着干净的围裙，眼神明亮，面色红润。除此之外，由于她被随意地指派了一个新任务，伊丽莎白·安正努力克服眼前的尴尬，思索着该如何洗碗。有哪些词是用来说明如何洗碗的呢？她的双腿牢牢地钉在地上，她既有些不知所措、害羞，还有点儿阴沉和发怵。

安姨妈举起熨斗，凑到脸旁，想试试它够不够热。“把餐具放到那边的水槽里，用热水冲一下，不一会儿就可以洗干净了。擦碗布就挂在火炉上方的那个架子上。”

话音刚一落，伊丽莎白·安就快速走到水槽边。没多会儿，她就把盘子、杯子和勺子都冲洗干净，并用一块格子花纹的擦碗布把它们擦干了。“勺子放在边桌的抽屉里，和其他银器放一起；盘子和杯子放到玻璃门后面的那个架子上，挨着瓷器。”安姨妈一边用力地熨着洗碗布一边头也不抬地补充道，“出去的时候，别忘了拿个苹果。现在正是吃这些冬熟苹果最好的时候。十月份它们刚被摘下来的时候，你可以用它们砸穿橡木地板。”

现在，伊丽莎白·安知道这只是句玩笑话，苹果当然不可能砸穿地板了。不过，她内心一直沉睡的东西慢慢地苏醒了，甚至还睁开了一只眼睛。伊丽莎白·安模模糊糊地体会出安姨妈话里的趣味性，刚刚摘下来的冬熟苹果还很硬，用这个比喻比直接说冬熟苹果很硬似乎有趣得多。对她来说，这还是一种全新的说法，但是她慢慢掌握了其中的秘诀。她的嘴角泛起一丝微笑，第一次理解了什么是幽默，同时也对这个屋子有了初步的了解。她非常想马上冲过去告诉安姨妈，她弄明白那个笑话的包袱在哪儿了，可是她又打消了这个念头。伊丽莎白·安不确定自己喜不喜欢安姨妈，但是她很肯定自己很怕安姨妈。

伊丽莎白·安吃着苹果从一个房间走到另一个房间。这苹果是她见过的最大的一个，也是最好吃的。苹果很脆，充满白色新鲜的酸甜果汁，每吃一口就想再吃下一口。她觉得房子里的其他房间都不如厨房。其他房间的窗帘不像厨房的那样有花边，有的只是带圆点的细薄布。所有房间的天花板都很低，家具都是用深色木头打造的，样式老旧。明亮颜色的地毯真是少得可怜。穿衣镜又怪又旧，顶部还摆着一张可笑的画。所有卧室的床都是木制的，而不是铜制的，而且都挂着幔帘。客厅里根本没有丝绒帘子，而哈利特姑婆家里的每个房间至少都会有两条丝绒帘子。

她不禁暗自庆幸房子里没有钢琴，她再也不用练琴了。她心里一点儿都不喜欢上音乐课。不过，她从来没有想过不学，因为这是弗朗西斯姑妈为她安排的。她倒是很喜欢听弗朗西斯姑妈夸她的弹奏水平要比同龄的孩子好很多。

然后，伊丽莎白·安走下楼梯，推开了客厅的一扇门，发现自己又回到了厨房。长玻璃窗和鲜花又给她带来了那种兴奋的感觉。安姨妈放下熨斗，冲她点了点头："转完了？你最好到这边来暖和一下。一月份，别的房间的温度还都太低。冬天，我们总待在厨房，用这里的炉子来取暖。"伊丽莎白·安来到火炉旁，暖了暖手。"还有一个地方你还没看——牛奶屋。妈妈正在那里搅拌牛奶。看，门在那儿，中间那扇。"

伊丽莎白·安一直在琢磨阿比盖尔姨婆在哪儿。她快步走到那扇门前，顺着阴冷、昏暗的楼梯走下去。走到尽头时，她看见了另一扇门却没有发现门闩，很显然，这是里面带锁的门。她听到里面有脚步声，接着门轻轻地打开了。她差点儿栽进阿比盖尔姨婆的怀里。阿比盖尔姨婆一把抓住重心不稳的伊丽莎白·安。“哦，我在这下面等你很长时间了，”阿比盖尔姨婆说，“我还没见过不喜欢看别人制作黄油的女孩呢。你想跑过去试试那台搅拌器吗？尽管我都七十二岁了，可我还是非常喜欢摆弄它呢。”

“可我什么都不会啊，”伊丽莎白·安说，“我不知道你是怎么做黄油的。我们都是买着吃。”

“哦，这没什么难的！”阿比盖尔姨婆说。她转过身，朝屋里喊道：“亨利，你听见了吗？贝茜说她不知道我们是怎么做黄油的。事实上，她从来没有见过别人做黄油！”

窗户前有一个小桶搭在两个柱子之间，亨利姨姥爷正坐那里转动着小桶上的手柄。听到阿比盖尔姨婆的话，他停了下来，神情严肃地思考起来，那表情就跟伊丽莎白·安发现怎么区分左和右时一样。然后，他又开始转动搅拌器。“哦，孩子妈，你肯定也没见过别人是怎么铺沥青的，我敢肯定你没见过！”他平静地说，“不过，我猜贝茜见过。”

伊丽莎白·安的精神又恢复了，产生了一丝优越感。“哦，是的。”她说，“我知道沥青是怎么铺的。你们没见过别人铺沥青吗？我都看过几百次了。每天我们去学校的时候，总能看见人们在路上铺沥青。”

阿比盖尔姨婆和亨利姨姥爷饶有兴趣地盯着她看。“好啊，这可真奇妙，”阿比盖尔姨婆说，“快给我们具体讲讲！”

“呃，一种黑色大马车，”伊丽莎白·安开始讲道，“人们赶着它沿着路面走，把黑色的东西撒到地面上。过程差不多就是这样。”她突然停了下来，觉得有些不自在。

“有件事我一直想知道，”亨利姨姥爷说，“人们是怎么做到不让沥青凝固的？怎么才能让沥青保持一定的热度？”

伊丽莎白·安茫然地看着他。“呃，用火吧，我猜。”她努力地搜索着相关的记忆，可是她只能隐约地想起好像有过火光。

“当然是用火，”亨利姨姥爷表示同意，“但是他们用什么烧火，焦炭、煤块、木头还是木炭？怎么鼓风并让火不灭的呢？”

伊丽莎白·安摇了摇头。“我没留意过。”她说。

阿比盖尔姨婆问道：“在铺沥青之前，人们还要做什么吗？”

“做什么？”伊丽莎白·安说，“我不知道他们还要事先做什么。”

“嗯，他们应该不会在一条脏马路上铺沥青吧，是不是？”阿比盖尔姨婆又问道，“难道他们不事先铺一些碎石子或别的东西吗？”

伊丽莎白·安低头看着自己的脚尖。“我没留意过。”她说。

“我想知道沥青多久会干？”亨利姨姥爷说。

“我没留意过。”伊丽莎白·安小声说道。

亨利姨姥爷回了一声“哦”，然后就不再提问了。阿比盖尔姨婆转过身，往炉子里添了块木头。伊丽莎白·安现在可没什么优越感了。

阿比盖尔姨婆又说道：“黄油快做好了。你难道不想看看黄油是怎么做出来的吗？这样，别人问你黄油是怎么做的，你就会回答了。”

伊丽莎白·安明白阿比盖尔姨婆的意思，赶紧集中精神观察黄油——她以前可没这样聚精会神过。黄油的制作过程十分有趣，她已经忘了观看的目的，这使她完全沉浸其中。

当阿比盖尔姨婆拧开搅拌器的盖子时，伊丽莎白·安往里看了看，发现酸奶油已经变成乳酪和金黄色的小颗粒了。“它们正在结晶，”阿比盖尔姨婆边说边把盖子拧上，“孩子爸会继续搅，直到它全部变成黄油。咱们去把放黄油的木制容器预热一下，把准备工作做好。你最好系上围裙，免得弄脏裙子。”

如果弗朗西斯姑妈看到现在的我，她肯定会崩溃的！伊丽莎白·安边想，边系上了方格纹棉布围裙。姨婆同意让伊丽莎白·安拔掉搅拌器底部的塞子，那些脱脂乳瞬间流进了阿比盖尔姨婆手里拎着的木桶里。然后，伊丽莎白·安将清水倒进了搅拌器，拧上顶部的盖子。接着，她又自己一个人——这时，亨利姨姥爷已经离开了——用力摇了六七次木桶，把那一粒粒的黄油里的水分甩干。她还帮着阿比盖尔姨婆把表层的黄色脂肪撇出来。她从来没想过世界上会有这么多的黄油！接着，阿比盖尔姨婆又让她摇动那个形状奇特的木制黄油搅拌器，让黄油充分脱水，然后用木头模子把黄油堆成一座金黄色的小山。她又用秤称了足量的盐，惊讶地发现现实中真有用到"盎司[1]"这个计量单位的时候。以前，伊丽莎白·安只在数学课本上见过"盎司"，现实生活中却从未接触过。

加入盐之后，她看到阿比盖尔姨婆用她那双敏捷、苍老的手做起黄油块和黄油卷来。这实在太有趣了，看上去也不难。当阿比盖尔姨婆突然问她愿不愿意做最后这半磅[2]午餐用的黄油时，她自信地拿起木头模子。接着，她发现帕特尼农场又给了她一个惊喜。她发现自己的手变得不再是自己的了。她的手指是那么笨拙，都不知道该放在哪里才能使拍打黄油不那么难了。事实上，伊丽莎白·安还是第一次用手干体力活儿，她以前只用手弹过钢琴，写过字，所以她才干得不是那么顺手。她失落地停了下来，看着眼前这堆被拍得不成形的扁黄油，无可奈何地摊开了双手，似乎手指都不是她的了。

1　1盎司约为28.25克。

2　1磅约为453.59克。

阿比盖尔姨婆笑了起来，拿起模子，拍了三四下就把黄油堆成了光滑的黄球。“啊，这让我想起了过去！”她说，“我外婆让我试着做一小块黄油时，我还只是个小女孩，也就有五岁吧。天哪，我弄得一团糟！我记得——那场面真是有趣——我外婆笑着说，她的埃尔迈拉姑婆也是在这间牛奶屋里教她怎么做黄油的。让我想想，我外婆出生的那年刚好《独立宣言》签署了。那真是很久以前的事了，是不是？不过，黄油的做法没变，小女孩也没有变。”

听了这话，伊丽莎白·安满脸疑惑，似乎没有听懂。她盯着阿比盖尔姨婆的脸看了一会儿，不过心思却不在脸上，因为她正在认真地琢磨着：“《独立宣言》签署的时候，真的有人在这个房间里住过。是活生生的人，而不是历史书上的人。一个老太太正在教小女孩怎么做黄油——就在这个房间里，就在这块地板上——而且《独立宣言》才刚刚签署！”

尽管伊丽莎白·安在学校参加历史考试的时候得了高分，不过她还不能真切地感受到《独立宣言》。就跟“盎司”一样，它只存在课本之中，是专门用来考小孩的。此时此刻，阿比盖尔姨婆虽然讲述的是怎么制作黄油，但她却将《独立宣言》带到了生活中。

第4章

贝茜去上学

突然，伊丽莎白·安被安姨妈的一声“吃午饭了”吓了一跳。不知不觉间一个上午的时间竟然就这样过去了。“来，”阿比盖尔姨婆说，“把那块黄油放到盘子里，再顺便把它端上楼，好不好？我光把身上这二百磅的肉弄上去就已经很不容易了。”伊丽莎白·安笑了，尽管她也不知道为什么笑。然后，她骄傲地端着黄油上楼去了。

午餐在桌子上冒着热气，中午的阳光透过窗子照了进来。一条黑白相间的大狗，摇着大尾巴在饭桌旁边转来转去，嗅着饭菜的香气。伊丽莎白·安觉得它大得像一头熊。那条大狗一边转悠，一边吐着红色的大舌头，白色的牙齿闪着光。伊丽莎白·安哆嗦着往后退，双手紧紧扣住盘子抱在胸前。安姨妈回过头喊道：“哦，真讨厌！这个老谢普，又来要东西吃了！谢普！快去一边躺着！”令伊丽莎白·安吃惊不已的是，这个大块头竟然伤心地耷拉下自己的脑袋。它走了回去，跳上沙发，把头趴在一只前爪上，温顺地偷瞟着安姨妈。

这时，阿比盖尔姨婆正好从楼下挪上来，喘着粗气，笑着说："真高兴我不是生活在这个农场里的动物，要不也被安指挥得团团转。"

"不过，总得有个人做吧！"安姨妈说。她端着盛满炖鸡肉的圆盘子走到饭桌前，这香味都快要把伊丽莎白·安的心给融化了。伊丽莎白·安最爱吃鸡汤配热薄饼了，可是市场卖的鸡肉实在太贵了，哈利特姑婆很久才会买一次。饭桌上还摆着一盘焦黄色的薄饼，才刚刚出炉。她快速坐好，嘴里满是口水，接过安姨妈递过来的一大盘子饭菜。

在哈利特姑婆家的时候，只要一吃饭，伊丽莎白·安就会尴尬地发现每个人都会焦虑不安地看着她。她听了太多的关于她胃口不好的话，以至于她自己都觉得事情是这样的，即使面前摆着的是她最爱吃的东西，也会犹豫再三，不知道自己要不要把它们吃光。但是，这里没人知道她"胃口像小鸟一样小"，也不知道她"如此挑食"，更没人注意她是否飞快地把鸡肉、鸡汤、热薄饼、葡萄干、烤土豆和苹果派一扫而光。她觉得自己的腰带都变紧了。

吃到一半，安姨妈起身去隔壁房间接电话。厨房的门刚一关上，亨利姨姥爷的身子就向前一倾，拍了拍伊丽莎白·安的肩膀，又冲沙发那边点点头。亨利姨姥爷眨了眨眼睛，阿比盖尔姨婆忍不住轻轻笑了起来，浑身都在颤抖，急忙拿起餐巾捂住了嘴。伊丽莎白·安好奇地扭过头，看见那条老狗正小心翼翼地从沙发上下来，并竖起一只耳朵，警惕地听着从隔壁房间里传出的安姨妈的说话声。“这个老家伙！”亨利姨姥爷说，“只要你安姨妈离开一小会儿，它就要溜过来要东西吃。来，贝茜，你离它最近，把鸡脖子上的鸡皮拿给它吃吧！”

那条大狗已经偷偷地溜了过来。伊丽莎白·安这才发现它非常惧怕安姨妈，于是她不再害怕这条狗，反而觉得它温顺、可怜了。老谢普来到伊丽莎白·安的身旁，用鼻子闻着她的膝盖，于是她把一大块鸡皮丢给了它。老谢普一口把那块鸡皮吞了下去，这动作把伊丽莎白·安吓了一跳。它感激地摇着尾巴，并把头歪向一边。它专注地竖起两只耳朵，双眼闪着光，小声地发出企求的呜呜声。“哦，它还要！”伊丽莎白·安叫道，惊讶地发现自己竟能听懂狗的语言，“快，亨利姨姥爷，再给我一块。”

亨利姨姥爷赶紧从自己的盘子里把一块鸡翅膀的骨头放进她的盘子里，阿比盖尔姨婆也快速地从自己的圆盘子里抓起鸡脖子，放了进来。伊丽莎白·安飞快地把鸡骨头、鸡脖子喂给谢普，谢普急忙把它们吞了下去。骨头被它那些结实的白牙咬得嘎嘣作响。

隔壁传来挂电话的声音，所有人立刻又吃了起来。阿比盖尔姨婆品尝起自己的咖啡来，眼角挂着一抹神秘的笑意。亨利姨姥爷开始往面包上抹着黄油，表情严肃得就好像正在思考谁将是下一任总统似的。老谢普则迅速划过光滑的地面，穿过房间，回到了沙发上。

当安姨妈打开厨房门进来的时候，它刚好趴到安姨妈先前让它待的地方。它伸开爪子，把头枕在上面，褐色的眼睛温顺地向上一翻，露出了眼白。

安姨妈进来后，用怀疑的眼光看了看她双亲那若无其事的脸，又瞅了瞅小羊羔般温顺的老谢普。伊丽莎白·安终于忍不住了。自打记事以来，她还是第一次如此开心地大笑。

看到她笑，阿比盖尔姨婆也开始笑。她放下咖啡杯，脸上那些有趣的皱纹都幽默地聚到了一起。这使得亨利姨姥爷也笑了。最后，连安姨妈都笑了。“你们都是坏孩子，你们四个都是！”她边说边坐了下来。谢普看到这些，不再装出温顺的样子，从沙发上跳下来，慢悠悠地来到饭桌旁。它使劲地摇着尾巴，似乎也露出了狗类独特的笑容。它又把头搁到伊丽莎白·安的膝盖上。她拍拍它，拧拧黑色大耳朵，完全忘了自己以前多么怕狗。

吃完饭，安姨妈抬头看了一眼钟。“天哪！现在不走的话，贝茜就要迟到了。”她说着转向伊丽莎白·安，“今天早上我让你想睡多久就睡多久，是因为你一路上太劳累了。但是，这显然成不了下午缺课的理由。”

伊丽莎白·安一动不动，整个人都僵住了。

安姨妈却轻快地站了起来，取来伊丽莎白·安的外套和帽子，把她扶起来，然后开始把她的胳膊往袖子里塞。她把帽子戴在了伊丽莎白·安的头上，并盖住了耳朵，又摸了摸口袋，从里面掏出一副手套。“来，”她说着就把手套递了过来，“今天特别冷，出门前你最好戴上手套。”

阿比盖尔姨婆把一大块甜饼干塞到了伊丽莎白·安的手里。“你可以在课间休息的时候吃掉它，”她说，“我上学的时候常这么做。”

伊丽莎白·安的手机械地握住甜饼干，但是她根本没有听见阿比盖尔姨婆说什么。她觉得自己仿佛置身于噩梦之中。弗朗西斯姑妈从来不会——绝不会让她一个人去上学。每学年的第一天，弗朗西斯姑妈总会带她到新老师的面前，向她介绍伊丽莎白·安是个多么敏感，多么难以理解的孩子。随后，弗朗西斯姑妈会在学校里待上一两小时，直到伊丽莎白·安适应了新环境。她不能独自面对一个全新的学校！她不能，不可以！

但是，她已经来到前厅，并且马上就要到门口了。安姨妈还在嘱咐：“孩子，路不远。顺着这条路一直往前走，到第一个路口左转，再走到一个十字路口，就到了。”

伊丽莎白·安身后的门关上了，一条路在她面前顺着安姨妈所指的方向一直向前延伸，直到山下。伊丽莎白·安开始一步一步顺着这条路往前挪，心里却一直对自己喊着：“我不能！我不要！我不行！”

如果是在哈利特姑婆家，她一定会把自己的想法大声喊出来。但是，在这里她不能这么做，因为安姨妈是不同的。不过，她也没有服从的意思。她的双脚不听使唤，不自觉地就走到了那条路上。一想到要像在老家的学校里一样，面对操场上那些因好奇而瞪圆眼睛的生面孔，她就痛苦万分！“我真的、真的不想去！”伊丽莎白·安想，“我要整个下午都四处闲逛，然后回家告诉安姨妈我不敢一个人上学。我要解释给她听，没有人牵着我的手，我根本就不能出门。弗朗西斯姑妈总是很细心地照顾我的！”事情想起来容易，但她一看见安姨妈的黑眼睛，再想把事情办成就很难了。弗朗西斯姑妈的眼神总是那么温柔、明亮。

她阴郁的想法越来越多了。“我多么希望弗朗西斯姑妈能在身边照顾我呀。这里没人关心我。除了弗朗西斯姑妈，没有人理解我。我再也不回帕特尼农场了。我要一直走、一直走，直到迷路，直到夜幕降临，然后躺到地上被冻死。到那时，安姨妈会不会感到……”

“你是贝茜吗？”一个人突然对她打起了招呼。

伊丽莎白·安惊慌地抬起头，看见一座轻巧的方形建筑前站着一个年轻的姑娘。这房子就像个玩具屋，而那个姑娘穿着方格纹棉布裙子，围着白围裙，和帕特尼农场的人的打扮很像。“是贝茜吗？”年轻姑娘又问道，“你安姨妈打招呼说今天你会来上学，我就来这儿等你。不过，我刚才看见你就要走过了，所以赶紧跑过来拦住你。”

“学校在哪儿？”贝茜边问边用眼睛打量起周围来，找着四层的砖石建筑。

年轻姑娘笑着伸出手。“这里就是学校，”她说，“我就是老师。你快进来吧，快上课了。”

年轻姑娘领着贝茜进了一个天花板很低，窗户边种着天竺葵的屋子，课桌后坐着十二个不同年纪的学生。贝茜看到他们，既害怕又害羞，不由得低下了头。不过，她用眼角的余光看到，其他孩子也都羞得满脸通红，有些害怕。他们同样低着头，不好意思地瞟着她。贝茜吃惊到忘记了害怕，用疑惑的眼神望着老师。

“他们没怎么见过陌生人。”老师解释道，“有新同学来的时候，特别是从城里来的人，他们都会感到紧张、害羞。”

“我在这个班里上课吗？”贝茜心想这是她见过的人数最少的班级了。

“全学校就只有这么多人，”老师说，“每个班只有两三个人。你们班有三个人。你姨妈说你上三年级。看，那里就是你的座位。”

贝茜坐到了一张旧课桌前，书桌上布满刀子的刻痕。墨水瓶旁边的桌面上刻着两个大写字母“H.P.”，其他地方还刻着一些大写的名字首字母。

老师转身回到讲台，拿起一把小提琴。“孩子们，我们开始上课了，咱们先来唱《国歌》！”她说。老师先用小提琴拉出第一小节，空气中充满悦耳、振奋人心的琴声。孩子们全体起立，老师也走下来，挨着贝茜。她用琴弦拉出大和弦，说道：“唱！”贝茜和其他孩子齐声唱了起来。明媚的阳光透过窗子照了进来。老师边唱边拉，所有的孩子包括最小的都张大嘴欢快地唱起来。

第5章

贝茜该上几年级

唱完歌，老师发给伊丽莎白·安一摞课本、一些纸、几根铅笔和一支钢笔，还吩咐她把课桌整理好。课桌上刻着很多字母，大大的“H.P.”下方还刻着小小的“A.P.”。“这个位子肯定有很多孩子坐过。”她边整理东西边想。最后，她收拾完，盖上桌子盖的时候，老师已经给三四个低年级的同学上完了课。然后，老师说：“贝茜、拉尔夫还有埃伦，带上你们的阅读课本到我这里来。”

贝茜轻轻叹了口气，拿出自己三年级的阅读课本，和其他两个孩子一起走到老师讲桌旁的一个旧长凳跟前。她知道阅读课都要干什么，虽然她喜欢看书，可是她讨厌阅读课。不过，在上阅读课时，你只要坐好，打开某一篇你闭上眼睛都能背出来的课文，还是挺容易混过去的。当你的同学慢吞吞、结结巴巴地朗读一个句子或两段话的时候，你只能等啊，等啊，一直等。终于轮到你站起来读你的那一两句话了，不过此刻你已经没有什么读的激情了，因为在你等待的时候，早就默默地把它们读了一遍又一遍。而且，你经常连这样的机会都没有，因为老师还没有来得及叫到你就已经下课了。你只好把书本合上，把它放进课桌，连张嘴的机会都没有。阅读课是贝茜十分擅长的一门课，不过这全靠她在家自己读了很多书才训练出来的。弗朗西斯姑妈从附近的公共图书馆里给她借来了大量的儿童读物。她一周通常会读三本书——这可不是一周只读一两个句子能比的。

当贝茜坐到那张破旧的长凳上时，她差点儿笑出声。在一个只有三个人的班里上课还真好笑。在砖石建筑的教学楼里，她一个班就有四十个人。她此刻坐在三个人的中间，那个叫埃伦的女孩和那个叫拉尔夫的男孩分别坐在她两侧。埃伦很可爱，一头光滑的金发被梳成两条小马尾辫，甜甜的蓝眼睛，身上蓝白相间的方格纹棉布裙干净整洁。拉尔夫长着一双黑眼睛，深色的头发，额头上有一大块伤疤，下巴上也有一条疤，裤子的膝盖处撕开了。拉尔夫显得比埃伦高好多，贝茜觉得他看起来也很凶。她决定远离他，而且她一点儿也不喜欢他。

“翻到第三十二页，”老师说，“拉尔夫先读！”

拉尔夫起身读了起来。这样的场景对于贝茜来说再熟悉不过了。不过，让她稍感意外的是，拉尔夫读完第一个句子之后，老师并没有打断他。他读呀读，直到读完一整页。这期间，老师只有在他遇到生词的时候才提醒他一下。

“该贝茜了！”老师说。

贝茜站了起来，只读了第一句就停了，就像是锁在笼子里的狮子来到笼门边却突然停住了一样。

“继续！”老师说。

贝茜又读了一句，然后又自动停了下来。

“继续！”老师说完，疑惑地看了看贝茜。

等她又一次停下来的时候，老师不由得笑了。“贝茜，你怎么了？”她说，“接着读，我说停才停。”

贝茜既惊讶又觉得非常有趣，于是她一句接一句地读了下去，直到她忘了自己读的是句子，脑子里只想着句子所表达的意思。她读完了一页，然后又读了一页，直到最后一段的最后一行。她从来没有一口气读过这么多的课文。她尴尬地发现屋子里所有的人都停下手中的活儿，开始听她读书。她也有点儿骄傲，待在教室不再像想的那么可怕了。

“你读得真好！”当她读完以后，老师称赞道，“对你来说，这是不是很简单呀？”

“哦，是的！”贝茜说。

“我想，以后你可以不在这个班上课了，”老师说。她从讲桌里拿出一本书，翻到做了标记的一页，递给了贝茜。“看看你能不能读？”

贝茜开始用以前学校的老方法，缓慢、单调地读了起来。书中的内容不像“课文”，而是诗歌，里面全是生词，试着发音非常有趣。这首诗的作者叫芭芭拉·弗里彻，诗歌讲述了一个小镇被叛军占领后，一个老太太坚持悬挂美国国旗的故事。贝茜越读越快，变得越来越激动，最后她竟然高喊了一声“立正”。这声音大到把她自己都吓了一跳。她停了下来，担心自己会被嘲笑。可是，没有人笑，他们都全神贯注地听着，连最小的孩子也不例外，所有人都专注地看着她。

“你一定要接着读，好让我们听到故事的结尾。”老师说。于是，贝茜兴高采烈地读完了整首诗。

“嗯，”老师说，“你没有必要再上三年级的阅读课了。以后你和弗兰克、哈利、斯泰西一起上七年级的阅读课吧。”

贝茜简直不敢相信自己的耳朵。这么容易就连跳了四个年级！这怎么可能！在埃伦慢慢地、谨慎地读着课文时，贝茜突然意识到自己无论如何也得想办法让老师改变想法。一想到她必须要跟老师解释清楚为什么不能和七年级的学生一起上阅读课时，贝茜就觉得很痛苦。哦，她多么希望自己能够说服老师啊！当他们起身回到各自的座位上时，贝茜还在犹豫不决，低着头。“你有话要和我说吗？”老师问道，并将握着半截粉笔的手停了下来。

贝茜回到座位上，觉得有必要把话说清楚："您不能让我上七年级的阅读课。我的写作不好，心算也总是出错。而且，对于七年级的算术，我一窍不通。"

老师一脸茫然，说道："我没有说你的数学课也跳到七年级啊！我还不了解你的数学水平。你还没有计算过呢。"说完，她转身在黑板上写了一串单词。"贝茜、拉尔夫和埃伦开始上拼写课，"她说，"低年级的几个同学来上阅读课。"

当贝茜开始学习黑板上的单词时，两个男孩和两个女孩走到讲台前。她头一次发现，孩子们磕磕巴巴读课文的细微的声音让自己根本无心学习"怀疑（doubt）、旅行（travel）、奶酪（cheese）"这些单词，以及课本中其他单词。于是，她捂住耳朵，集中精力学习拼写。她想在拼写课上也给大家留下个好印象。过了一会儿，她确信单词都记牢了，便开始东张西望起来。她总能比其他人提前记住单词的拼写，然后她就会悠闲地坐在那里，看着窗外的风景，直到下课。可是，这次她才把目光从黑板上移开，嘴唇刚停下来，老师就说："贝茜，你把单词背熟了？"

"是的，老师，我都记住了。"贝茜说，不清楚老师为什么会问自己。

"很好！"老师说，"我希望你能把莫莉带到一边去，辅导她读课文。她读得比班上其他人好太多了，所以让她待在这儿是浪费时间。你在旁边听着她把剩下的读完，当她卡壳的时候，你再帮她，好吗？”

老师的这个要求让贝茜大吃一惊，这可真是闻所未闻。当她走到墙角，坐到一条矮凳上时，她根本没有信心完成任务。莫莉紧靠着她的双腿坐下来。不过，她并没有感到害怕。莫莉是一个腼腆害羞的小东西，满头黄色的自然卷。开始读课文的时候，她的蓝眼睛里立刻闪现出严肃的光芒。“从前，有一只老鼠。它长得肥乎乎的。”谁也不会害怕一个如此可爱的小女孩的。莫莉真诚地凝视着贝茜的脸，想搞清楚自己读得好不好。

贝茜从来没有接触过比自己小的孩子，她觉得有人仰慕自己是一件值得高兴的事，这说明她很重要。她伸出胳膊，紧紧搂住莫莉。莫莉依偎得更近了，两个女孩把头凑到课本前。莫莉读错了，贝茜就温柔地给她纠正过来；莫莉迟疑的时候，她会耐心地等待。教书真有意思，充满乐趣！这时，老师的提问吓了贝茜一跳。“哦，贝茜，莫莉读得怎么样？”

“哦，时间到了？”贝茜说，“我认为她这么小就能读得这么好，很难得。”

“你这么想啊，”老师若有所思地说道，似乎把贝茜当成一个大人，“那你觉得她可以和伊莱扎一起读二年级的课文了吗？如果她可以的话，就没必要让她继续上一年级了。”

这种彻底颠覆分班方式的做法，再次把贝茜震撼得晕头转向了。在砖石建筑教学楼里上学的时候，除非你通过了一系列的考试，你才可能在新学年升到下一个年级。她从未想过有谁能不遵守这个规定。每人每年只升一个年级，是再自然不过的事情，这个观念在她的脑子里根深蒂固，以至于她觉得老师好像在说：“你不是九岁的孩子了，直接当十二岁的孩子怎么样？你不觉得莫莉当八岁的孩子要比当六岁的孩子更好吗？”

就在这时，算术课开始了，所以贝茜没时间困惑了。她和拉尔夫、埃伦一起慢慢地走向讲台。她恨极了算术课，根本不明白人为什么要学数学。长期积累下来的经验让她可以准确地读懂老师的表情，进而根据他们的表情判断出自己的答案是对还是错。这是她上算术课唯一擅长的事情。

当然，他们要上心算课。显然，课上会有讨厌的七加上八之类的东西，而且很快贝茜就要被提问“7×8”等于几了。她从来就没有算对过！她模糊地记得好像等于五十几，于是沮丧地说等于“54”。拉尔夫立马带着嘲讽的语气，大声说道：“56！”而老师想挫一挫他的锐气，问他“9×8”等于几，他却连磕巴都没打一下就回答说：“72。”贝茜惊讶于拉尔夫能回答得如此精准。老师问埃伦“6×7”

等于几的时候，她站起来，也回答对了。对于这个算式，贝茜有时记得，有时就会忘记。然后，哦，不是吧！又轮到她了。以前上心算课的时候，她从没有轮到过两次回答问题。这次老师问的是“6×6”等于几，即便她知道答案，可她又愣住了。还没等她反应过来，拉尔夫已经替她回答。接着，他又不假思索地回答“9×12”等于“108”。接下来，埃伦答出了“7×12”等于“84”。天哪！凭他们阅读课上的表现，有谁会相信乘法表他们会背得这么好啊！接下来，贝茜又把“7×7”等于几答错了，她马上就要哭了。之后，老师便不再问她问题了，而是不停地提问那两个孩子，他们都会以令人讨厌的速度准确地给出答案。

下课以后，老师微笑着说：“哦，贝茜，你的算术水平不太好。我觉得你最好先和伊莱扎一起背乘法表。她正在上二年级的算术课。我觉得你只要和她一起好好地复习一下，就可以跟上三年级的算术课了。”

贝茜目瞪口呆地跌坐在长凳上。她有点儿晕头转向了。老师的话听起来也太不可思议了！她觉得自己被分成了好几份。

“怎么了？”老师问。

“可是……可是，”贝茜说道，“我都不知道自己是谁了。如果我上二年级的算术、七年级的阅读、三年级的拼写的话，那么我到底是几年级的学生啊？”

听完贝茜的话，老师乐了：“你几年级的学生都不是，不管你在几年级读书，你都是你自己，对不对？你在哪个年级上课又有什么区别呢？难道就因为你乘法表背得不好，就要让你读那些对你来说简单至极的课文吗？”

“哦，真不可思议！”贝茜嚷道，就好像有人突然踩到了她的脑袋似的。

“为什么，又怎么了？”老师又问道。

这一次，贝茜没有回答。她一直以为在学校就是一级一级地往上升。直到现在，她才懵懂地明白自己到学校里学习单词拼写、读课文、做算术题，总的来说就是开动脑筋学习如何思考，这些都是为了长大以后自己能够照顾自己。这种感觉就像学滑冰的时候，突然有人把你手中扶着的椅子挪开了，说着“现在，你要一个人滑了”一样。

老师等了一会儿，见贝茜没有再开口，就拉了下课铃。“现在是课间休息时间。”老师说。孩子们一拥而出，来到衣帽间，穿上外套。老师也跟着他们来到衣帽间，拿起暖和的红帽子和红色针织套衫，然后跑了出去。“谁想和我一起玩？”老师叫道，孩子们于是跟在她后面跑了出来。这还是贝茜第一次在课间休息时和陌生的孩子一起玩，不过她没有时间害羞。她已经和很多孩子一起抓起一根长绳子的一头，老师和另外两个男孩则使劲地拽着绳子的另一头。没有人好奇地盯着她看，也没有人跟她说什么，只有站在绳子前段的拉尔夫对贝茜大声喊道："加油，贝茜！"

他们使劲拉呀拉，脚几乎都扎进了地里，遇到露出地面的石头，他们就会用脚使劲抵住。老师和那两个男孩有时会突然猛拉一下。然后，拉尔夫会大声喊："嗨，大家一起使劲拉！"于是贝茜他们一起用劲。慢慢地，老师那头被一点儿一点儿地拉了过来。孩子们都兴奋得大喊大叫，贝茜也跟着尖叫起来。就在这时，一辆路过此地的马车突然停了下来，一个块头很大、肩膀很宽的农夫乐呵呵地跳下马车。他抓起老师那一头的绳子，搭到肩上，帮他们拉了起来。贝茜发现他们被一点儿一点儿地拽了回去，力气逐渐变小，最后脚下一滑，都摔在了地上。贝茜开怀大笑起来，笑声压过了其他所有人。她笑得前仰后合，腰都直不起来了。这场拔河比赛的结果在快结束时来了个大逆转。

那个大块头农夫也笑了。"你们没有自己想的那么聪明吧，是不是？"他善意地取笑了孩子们一下。之后，他冲着马吆喝了一声"呀吽"，马慢慢地走了起来。他赶紧跟在后面，就在马全速跑起来的那一刻他才爬上马车，牢牢地抓住了缰绳。孩子们不由得都哈哈大笑起来。拉尔夫冲着他的背影喊道："喂，内特叔叔，现在是谁把自己想得那么聪明啊？"他又转身朝向身边的一个女孩。"刚才，那些马差点儿就在他的眼皮子底下溜走了。”他说，“让马留在那儿，自己跟我们玩，他可真够傻的。要是哪天马全都跑掉了，到时候看他不着急才怪呢！”

贝茜心想，即便是在这个奇怪的地方，这件事也真够怪的。贝茜做梦也想不到哪个大人会在路过砖石砌成的教学楼时停下马车，到操场来玩一会儿。他们甚至不愿用正眼看看孩子们，就好像他们和那些孩子不是一个世界的。

“拉尔夫，轮到你去打水了！”老师顺手递给他一个水桶。“想不想一块儿去？”拉尔夫语气生硬地问埃伦和贝茜。于是，拉尔夫在前面带路，两个女孩紧紧跟在他的后面。现在，贝茜已经远离了嘈杂的人群，然而羞怯突然又像乌云一样将她笼罩，让她感到口干舌燥，手脚冰凉。就在这时，她突然感到有一只温暖的小手放在了自己冰凉的手里。她低头一看，原来是莫莉，她那双湛蓝的眼睛充满信任。“老师告诉我如果你愿意照顾我的话，我就可以跟你一起去。”莫莉说，“老师从来都不允许一年级的学生独自过独木桥，除非有高年级的带着过去。”

她俩边走边说，一会儿就来到了一条清澈见底、水流湍急的小溪前。小溪上横着一根白桦木。贝茜心中怕得很，根本不敢往前迈半步。可是，莫莉紧紧地攥着她的手，她不好意思说自己不敢过去。拉尔夫熟练地跑到了对岸，不停地晃着手里的水桶，似乎在炫耀过桥对他来说有多简单。接着，埃伦也以稍慢的速度过去了。贝茜咬紧牙关，把莫莉放到自己跟前，抓起她的手，开始过桥。其实，莫莉已经来来回回走过不下百次了，所以她走得很稳当，就像一只小山羊。这样反而是莫莉帮贝茜稳住了重心。不过，大家都不知道这一点，莫莉就更不懂这个道理了。

拉尔夫拿起挂在一截木桩上的锡制杯子，舀了一杯水，先喝了一口。接着，他把水桶浸入清澈的水塘里，打了一桶水，然后把水桶拎回学校。埃伦也端起杯子喝了一口，然后腼腆地将杯子递给贝茜，头也不敢抬。她们三个女孩都喝完水以后，在原地站了一会儿，气氛有些尴尬。过了一会儿，埃伦小声地问道："你喜欢金色头发的洋娃娃吗？"

对于这个问题，贝茜有着自己明确的答案，只是她从未跟其他人提起过，这是因为弗朗西斯姑妈其实并不喜欢洋娃娃。她只是为了哄她的侄女开心，才假装喜欢洋娃娃的。

"不，我不喜欢！"贝茜强调道，"我已经厌倦了那些陈旧的金黄色头发！我喜欢棕色头发的洋娃娃，就像生活中大多数女孩的头发一样。"

埃伦抬起头，露出灿烂的笑容。"哦，我也是！"她说，"你亲戚家里的那个古董娃娃就是棕色的头发。你什么时候可以借给我玩一玩啊？”

“我的亲戚？”贝茜一脸茫然。

“嗯，就是你的阿比盖尔姨婆和亨利姨姥爷。”

“他们有洋娃娃？”贝茜一边说，一边心里想，这又是帕特尼农场怪事中的一件呀！

“哦，是的！”埃伦急切地说，“那是帕特尼夫人小时候玩的洋娃娃。那个洋娃娃的衣服是最最漂亮的！它就放在阁楼屋檐下的箱子里。我和我妈妈做客的时候，她让我把娃娃拿出来玩过。妈妈说，帕特尼家就要来一个小女孩了，她猜他们肯定会把洋娃娃拿出来送给那个小女孩的。如果你愿意，下周六我把自己的洋娃娃带来。我的洋娃娃是金色头发的，但它很漂亮。爸爸那天会去磨坊，他可以一早就把我带到帕特尼农场。”

贝茜根本没听明白埃伦说的是什么。就在这时，上课铃响了，她们急忙赶回教室。莫莉再次帮贝茜跨过独木桥。不过，和往常一样，莫莉以为是别人帮的自己。

第6章

如果不喜欢书中的对话，你可以不读这一章

贝茜推开门，小猫埃莉诺跑过来迎接她。它一边喵喵地叫着，一边弓起背让她抚摩。

“啊，”阿比盖尔姨婆说着，将视线从搁在自己腿上的那一盘子苹果转移到贝茜身上，“我猜你一定饿了吧？自己去拿一片黄油面包怎么样？再吃个苹果吧！”

贝茜挨着阿比盖尔姨婆坐下来，大口地吃起面包。阿比盖尔姨婆又问道：“你分到了哪张桌子呀？”

贝茜一边想着一边抱起埃莉诺把它凑到脸前。“我想想，应该是第二排第三张桌子。”她心里琢磨着阿比盖尔姨婆为什么会问她这个。

“哦，那是你亨利姨姥爷用过的桌子。他父亲也用过那张桌子。桌面上是不是刻着‘H.P. ’？”

贝茜点了点头。

“亨利姨姥爷的爸爸把‘H.P.’刻在了课桌盖上面，他只好把自己的名字刻在了桌盖的背面。我记得他是在一个冬天把它们刻上去的。也是从那时起，我妈妈才第一次允许我穿真正淑女才能穿的带衬裙的裙子。我当时就坐在第三排第一个位子上。”

贝茜啃苹果的速度慢了下来，试着理解阿比盖尔姨婆说的话。“亨利姨姥爷和他的爸爸？”她觉得他们与摩西和亚历山大大帝所生活的时代一样古老。而且，他们竟然曾经也是一个小男孩，和贝茜用过同一张课桌！贝茜似乎忘了咀嚼，盯着空地出起神儿来。她虽然只有九岁，但是她已经隐约感受到像第一次去古罗马的废墟参观时会产生的那种不可思议的感觉了。现在，她对那张课桌也发出了同样的惊叹。

过了一会儿，她回过神儿来，发现嘴里还有苹果没嚼完，便立刻嚼了起来。“阿比盖尔姨婆，”她说，“那是多久以前的事呀？”

“让我想想，”老太太一边说一边熟练地削着苹果，“我出生的那年是一九四四年。我是六岁上的学。哦，那是六十六年前的事了。”

贝茜和所有九岁的女孩一样，对六十六年究竟有多长没有什么概念。“那时乔治·华盛顿还活着呢？”她问道。

阿比盖尔姨婆眼角的皱纹笑开了花，不过她回答贝茜问题的时候没有笑："不，那时他已经去世很久了。不过，他活着的时候，就已经有这所学校了。"

"当真？"贝茜瞪大了眼睛，用牙咬了一大口苹果。

"当然是真的！山谷里的第一间用木头盖起来的房子就是这所学校。你要知道，我们的先辈到这里的时候，要想生存下来，就得用木头把房子盖好才行。"

"是吗？"贝茜大叫道，满嘴都是苹果肉。

"哦，是的，孩子，你觉得他们该用什么盖房子啊？他们必须得有个地方住啊，所以不久以后就有了锯木厂。"

"我从没听说过这些，"贝茜说道，"给我讲讲吧！"

"你应该知道呀，难道你哈利特姑婆没给你讲过，我们的先辈是怎么在一七六三年骑马从康涅狄格州出发到达这里的吗？康涅狄格州要比佛蒙特州历史悠久一些。佛蒙特州除了树木、熊和斑鸠之外，什么也没有。我还听说，那时到处都是斑鸠。天黑以后，拿根棍子出门，在树上打一下，就会掉下来很多斑鸠，就跟鸡窝里的母鸡一样多。以前他们的食品储藏室里总少不了斑鸠肉馅饼，就跟现在我们不缺甜甜圈一样。而且，熊也特别多，他们就用熊油来擦靴子，抹头发。他们听起来吃得不错，对不对？开始的时候是这样，所以没过多久他们就完全安顿下来。独立战争期间，熊已经很少见了，不久以后，斑鸠也消失了。”

“那么学校，就是我今天去上课的那个学校也是在那时盖的吗？”贝茜觉得这一切难以置信。

“是的，原先学校里还有一个大的带烟囱的壁炉。要知道那时候火炉还没发明出来呢。”

“我还以为炉子一直都有，不用被发明出来呢！”贝茜惊呼道。这是她参与的最有趣的一次谈话。

阿比盖尔姨婆大笑起来。“天啊，不是这样的，孩子！那时，只有富人才用得起炉子，穷人只能用壁炉来做饭。后来，学校里的烟囱和壁炉被推倒，安上了那个难看的炉子的时候，我还惋惜了好久呢。不过，先辈们倒是很喜欢新鲜事物。幸运的是，他们没办法把窗台上的日晷也拆了。你肯定看到过它。你面朝讲桌坐着的时候，往右看，它就在中间那扇窗户的窗台上。”

“日——晷？”贝茜重复道，“那是什么呀？”

“人们用它来推测时间呀，那时——”

“难道他们没有钟吗？”

阿比盖尔姨婆又大笑起来。“哎呀，那时这个山谷里好长时间都没有钟表，村里只有富人沃登家有一个钟表。其他人只能在自家的窗台上刻日晷。我们家食品储藏室的窗台上就有一个。来，我带你去看看。”说完，阿比盖尔姨婆吃力地站了起来，手里还端着那盘削好的苹果。她向炉子那边走去，地板随着她的脚步震动起来。“不过，你得先看看我是怎么做苹果酱的，这样你就会做了。”她端起平底锅放到炉子上，又把苹果倒进去，然后往锅里倒了些水，盖上锅盖。“现在我们去食品储藏室吧！”

她们来到一间飘着甜香、四壁刷满白漆的小房子里。架子上摆满了各式各样的盘子、盒子和袋子，里面储存的大多是牛奶和果酱。

“你看，”阿比盖尔姨婆打开窗户说道，“这个不如学校那个好。它只能告诉我们是不是到中午了。”

贝茜疑惑地盯着窗台上的那些深深的刻痕。

“你看到了吗？”阿比盖尔姨婆说，“影子移到这个刻度，就表示到中午了。其余的时间，就根据影子离中间的那个刻度的远近来判断。让我来试试看，猜得对不对。”她仔细地看了看，然后说：“我猜现在四点半了。”她回头瞟了一眼厨房里的钟，说道：“哼！居然是五点十分了！我发誓，我奶奶每次根据影子猜的时间，误差绝对不超过五分钟！有时候，我们每买回一台机器，智商就像鸟儿一样飞到窗外去了！现在，我简直无法想象没有火柴的生活。可是，在没有火柴的时代，人们不是照样活得好好的。这让我觉得自己够笨的，好像离了这些带硫黄的小棍儿我就不能活了。来，贝茜，吃块饼干吧！来这儿不让孩子拿块饼干再走，这可有悖我的做事原则。哦，身边有一个小孩，感觉自己好像也重生了一样！”

贝茜接过饼干，又回到了刚才的话题：“没有火柴的日子是什么样的？人们必须得有火柴才行！”

阿比盖尔姨婆头一次没有回答她的问题。两个人一起回到了厨房。她又看了看钟的时间。“看！”她说道，“到做晚饭的时间了。我们已经分好工了：安负责做午饭，我负责做晚饭，早饭各做各的。你想做什么呢，是帮安做午饭，还是帮我做晚饭？”

可是，贝茜对该怎么帮忙做饭一点儿概念也没有。面对这个突如其来的问题，她却快速地做出了选择——她不想帮安姨妈。“哦，我帮你做晚饭！”她说道，声音中透着一股真诚和坚决。

“哦，那好，”阿比盖尔姨婆说道，“我们先收拾一下桌子吧。不过，你最好先去看看苹果酱怎么样了。我听见锅里响得很厉害，好像煮得有些过火了。你可以把锅往炉子边推一推，用小火熬着。用挂钩上的夹子挪，不要烫到。”

贝茜拿着夹子来到炉子旁，心里十分忐忑。之前，从来没有人让她拿过滚烫的东西。她沮丧地看着阿比盖尔姨婆，可老太太正背对着贝茜，忙着打理餐桌。没办法，贝茜只好小心地用夹子夹住平底锅的柄，紧张地把它推到炉子边上。之后，贝茜在那儿站了一会儿，敬佩起自己来。她也像别人一样可以把事情做好！

“哦，对，”阿比盖尔姨婆说，好像突然记起了贝茜刚才提的问题，“每个人都可以用火石或者制枪用的铁块敲出火星来的。只要你朝一个正确的方向不停地敲打，慢慢地就能冒出火星来。这时，你用绒毛接住火星，一开始只是冒着黑烟，你得趁机使劲吹气，直到出现一点儿微弱小火苗。然后，你把劈好的干燥的松树枝放进火苗里。这样，一点一点地，你就可以生起一堆火来。”

“可是，这要花很长时间呀！”

“哦，火生好了可以一直维持着，不用每次都重新点。”阿比盖尔姨婆爽快地回答。她话锋一转，吩咐贝茜说：“你把银餐具拿出来摆好，我给土豆加些奶油。餐具在那个抽屉里。每个座位摆一副刀叉、两把勺子。盘子和杯子在上面的玻璃门后面。今晚我们还是喝热可可。”贝茜仿佛被这些指令催眠了一样，赶紧手忙脚乱地去找那些银器。阿比盖尔姨婆继续说道：“哦，因为这样点火是很费劲的，所以人们会尽量不让它熄灭。每个人都知道晚上该怎么用炉灰来盖住没燃尽的火炭。第二天一大早起来的第一件事就是蹲在火炉边，拨开灰，然后露出滚烫的火炭。然后，你一边拉鼓风箱，一边往炉子里加些干木屑——别忘了摆玻璃杯——你一直轻轻吹，木屑就会点燃，这样火就又生起来了。餐巾在第二个抽屉里。”

贝茜边站在桌子旁摆着餐巾，边思考着阿比盖尔姨婆的话。“不过，有的时候火肯定会灭的呀。”

“的确，”阿比盖尔姨婆说，“火有时候会灭的。这时，家里的一个孩子就会被派去邻居家借火。他会端着一个有盖的铁锅，锅柄是山胡桃木做的。他穿过树林——那时这里四周都是树——来到邻居家，邻居家生起火以后，就会匀给他一锅燃烧的木炭。然后——别忘了盐和胡椒——他以最快的速度赶在炭烧完之前回到家。说实话，贝茜，我觉得苹果酱应该可以加糖了。你来加，好吗？我在和面呢。糖就放在餐具柜左边的那个抽屉里。”

“哦，天哪！”贝茜沮丧地叫道，“我不知道怎么往里面加糖！”

阿比盖尔姨婆笑了，用沾满面粉的手背把滑到脸前的一缕头发往后捋了捋。“你知道怎么往可可里加糖，是不是？”

“可是，我到底该加多少呀？”贝茜问道。她希望得到准确指示，这样她就不用自己动脑思考了。

“哦，加到尝着甜味正好就可以了，”阿比盖尔姨婆漫不经心地说着，“你觉得合适就行，我猜大家也会喜欢的。加完再拿那个大勺子搅一搅。”

贝茜揭开锅盖，开始往里加糖，一次只加一茶匙，不过她很快发现这么放效果很不明显。于是，她往里面倒了满满一杯糖，使劲搅了搅，又尝了尝。好些了，但还是不够甜。她又加了满满一大汤匙的糖，然后又集中精神尝了尝。给全家人调配苹果酱可不能马虎了。苹果酱尝起来还不错，只是还差一点点。她又加了一茶匙糖，现在的甜度刚刚好。

“做好了？”阿比盖尔姨婆问道，“把锅端下来，再把苹果酱倒进那个黄色的大碗里，然后放到饭桌上，你的面前。你做的苹果酱，就由你来为我们服务，帮我们分吧！”

“这就算做好苹果酱了，是吗？”贝茜问，“苹果酱就是这么做的？”

“那还能怎么做呢？”阿比盖尔姨婆问。

“我的意思是，”贝茜惊讶地说，“我没想到做果酱这么简单！”

“这是世界上最简单的事情了。”阿比盖尔姨婆认真地说着，不过她眼角的皱纹却安静地笑开了花。

这时，亨利姨姥爷干完活从谷仓回来了，老谢普跟在他的身后，安姨妈也从楼上下来了，她一直用缝纫机像蜜蜂一样在楼上嗡嗡地忙着。当听说餐具是贝茜摆放的、苹果酱也是她做的时，他俩都显得十分惊讶。他们都夸苹果酱做得非常好吃，还不停地把小盘子递给贝茜，让她再给添点儿。贝茜自己吃了三盘苹果酱。她觉得这是有史以来做得最好吃的苹果酱。

吃完晚饭，碗碟也被洗刷干净后，祖孙四人围坐在一张铺着红布，上面放着一盏大台灯的桌子前。安姨妈给下午做的那件衬衣打扣眼，阿比盖尔姨婆在补几只破了洞的袜子，亨利姨姥爷修着马具。谢普趴在沙发上，呼噜呼噜地打着鼾，吵得其他人都忍受不了了。安姨妈戳了戳它的肋骨，它惊醒过来，喘着粗气，睡眼惺忪地望着四周。这情景弄得贝茜很想笑。贝茜抱着埃莉诺。它可不打鼾，而是从喉咙里发出深沉的咕噜声。埃莉诺在贝茜的裙子上伸出前爪，露出像针一样的指甲。

“对了，你今天在学校过得怎么样？”亨利姨姥爷问道。

“我用的是你以前用的课桌。”贝茜说。她好奇地看着亨利姨姥爷灰白的头发和满脸的皱纹，竭力去想象他像拉尔夫一样大的时候是什么样。

“是吗？”亨利姨姥爷说，“那好，我就给你讲讲这是张多么好的桌子吧！你注意到课桌上那个深深的凹槽了吗？”

贝茜点点头，很想知道它是做什么用的。

“那是我以前用来放铅笔的地方。那时候人们不能跑到商店去买铅笔，因为我们根本就没有商店。你能猜到我们是怎么弄到铅笔的吗？”

贝茜困惑地摇摇头，毫无头绪。

“那好，”亨利姨姥爷说，“我来告诉你吧。我们先从制造子弹的铅块上弄下来一块，然后把它放进学校的壁炉里让它熔化成流动的铅水，再把铅水倒进那个凹槽里。等铅水冷却后，就变成铅条了，尺寸和今天用的铅笔差不多。接着，我们再把长铅分成几小截，这样我们就有铅笔了，还是现做的。噢，我告诉你，过去的人比现在的人更懂得如何生活。”

“为什么没有商店呢？”贝茜问。她无法想象不能到商店里买东西的生活。

“那时有什么东西可以往商店里摆呢？”亨利姨姥爷反问道，“每一件东西都是从奥尔巴尼或者康涅狄格州用马驮过来的。”

“他们为什么不用马车运啊？”贝茜问。

“要用马车得先有马路，是不是？”亨利姨姥爷说，“这里可是经过了很长的一段时间才有的马路。在一个满是树丛、小山、沼泽、石头的新乡村开辟一条公路是一件非常麻烦的事。那时，要是你家门前有条马路能通往其他地方的话，那就非常值得庆幸了。”

“好了，亨利！”阿比盖尔姨婆说，“快别讲那些很久以前的事情了，快让贝茜回答你提的问题吧。你都没给她机会说一说在学校过得怎么样呢。”

“哦，学校里的事弄得我有些晕头转向！”贝茜说，“我都不知道自己是谁了。我上二年级的算术、三年级的拼写和七年级的阅读，而且我还不知道写作和作文会怎么样呢！我们还没有上这两门课。”

没有人觉着这有什么稀奇，甚至都不感兴趣。亨利姨姥爷听了，只是说了句“七年级的阅读”。他转向阿比盖尔姨婆说道：“哦，孩子妈，你介不介意让贝茜读书给我们听呢？”

阿比盖尔姨婆和安姨妈都放下手里的针线活儿，笑了起来。“好啊，好啊，爸爸，说不定她还可以陪你下跳棋呢！”这娘儿俩给贝茜解释说：“晚上干活的时候，你亨利姨姥爷特别喜欢听别人给他读书。要是没人陪他下跳棋，他就会像一只要下蛋的母鸡一样焦躁不安。安不喜欢下跳棋，我通常又没时间。”

“哦，我爱下跳棋！”贝茜说道。

“太好了，现在，”亨利姨姥爷立刻站起来，把修了一半的马具扔到桌上，“我们来下一盘吧。”

“哦，爸爸！”安姨妈以一种训斥谢普的口气抗议道，“马具带子都修好了？你知道的，不修好会很危险。你为什么不把它先缝完呢？”

亨利姨姥爷只好又坐了回去，拿起了针和锥子，脸上的神情和从沙发上被训起来的谢普的表情一模一样。

“我可以读点儿东西给你们听。”贝茜有些同情亨利姨姥爷，“我想我可以读，不过除了学校外，我还没有在其他地方大声朗读过呢。”

“家里都有哪些书，孩子妈？”亨利姨姥爷急切地问。

“哦，我不知道。这个书架上都有些什么书呢？”阿比盖尔姨婆说，“穿过走廊去别的书架找太冷了。”她身子微微前倾，指尖划过一排排破旧的书脊，最后在一本蓝皮书上停了下来。“斯科特？”

“哦，好呀！”亨利姨姥爷高兴得两眼直发光，“读《傍晚的雄鹿》！”

贝茜听得不是很清楚，至少她听到的是这个篇名。不过，当贝茜接过那本书，看到阿比盖尔姨婆指的地方时，她还是流畅地读了起来，只不过声音不是很自信。她自豪地想着，原来读书可以让别人感到开心，而不是读出来让老师纠错的。

傍晚，一只雄鹿畅饮满腹，

月色中莫南溪边欢快起舞。

贝茜觉得自己就像踏上了一艘小船似的，水流湍急，想停也停不下来。有些词句的意思她不是很明白，有些名词她也不会拼读，可是没有人打断纠正她。她读呀读，遇到需要加重音调的词语，她就放缓语速。诗里那些富有节奏，铿锵有力的韵律吸引着她轻快地读下去。亨利姨姥爷随着贝茜起伏的节奏摇晃着脑袋，时不时停下手中的活儿，用明亮、鼓励的眼神望着贝茜。他对书里的一些片段熟记于心，因为他偶尔会跟着贝茜背诵上几句。他们俩齐声念道：

伴随着一声叫喊，

追赶的脚步声逐渐临近，

然而，领头的敌人还没出现，

它勇敢一跃便穿过那片灌木丛。

贝茜读完最后一句时，亨利姨姥爷张开了双臂。贝茜觉得他的这个姿势好似雄鹿纵身一跃，跳到了自己眼前一样。

“我见过雄鹿跳跃的样子，”亨利姨姥爷打断贝茜说，“跳过四英尺[1]高的篱笆，对二三百磅重的雄鹿而言，轻而易举，而且它们的姿态就跟风中的蓟一样轻盈。”

“亨利姨姥爷，”贝茜问，“灌木丛是什么？”

“我也不知道，”亨利姨姥爷满不在乎地说着，“可能是树林中的一类东西吧，大概就像树木下的草丛一样。你可以根据上下文来猜测它的意思，继续念吧。”

雄鹿的姿态，自由而舒展。

贝茜接着读起来。情节越来越紧张刺激，她的语速也变得越来越急促。亨利姨姥爷也加入进来：

一落地，

它就筋疲力尽、疲惫不堪；

口挂白沫，满身是泥；

1　1英尺约为0.30米。

累得气喘吁吁，上气不接下气，

浑身乏力，就快不堪一击。

她的心跳得更快了。她似乎也在诗文中逃亡，在生词中拼命挣扎。文中的亡命追捕让她隐约产生了身临其境的感觉。这时，亨利姨姥爷带着胜利的口吻，兴高采烈地念了起来：

狡黠的雄鹿躲过一劫，

安全绕过迎面而来的巨石。

随后，纵身跃入幽暗的峡谷，

最终躲过猎人和猎犬的追捕；

在特洛萨克荒野最深处，

有孤独的雄鹿藏身之处。

“哦，天哪！”贝茜放下书惊呼道，“雄鹿逃走了，是不是？我真怕它逃不掉。”

“我能听到那些猎犬的吠叫声，你呢？”亨利姨姥爷说，“‘那爆破般的嚎叫。’有时候，你能听见它们在我们身后的赫姆洛克山的山坡上追赶着那只雄鹿。”

“我们还是吃些爆米花吧，”阿比盖尔姨婆建议道，“贝茜，你想不想做一些爆米花呢？”

“我没做过爆米花，”贝茜说，不过语气不像以前那般迟疑。她心里萌发出个想法：没做过并不能证明她不会做。

“我做给你看！”亨利姨姥爷说。他伸手从墙上挂着的那一大串黄玉米中取下几根玉米。然后，他和贝茜一起把玉米粒剥下来，把它们放进锅里，爆成雪白的米花，再抹上黄油和盐，然后把它们端到桌子上。

在贝茜第一次吃上了自己参与制作的美味爆米花时，门开了，一个戴着皮帽的人探头进来。一个男人的声音说道：“晚上好，乡亲们。不，我不能久留。我刚到村里，想问问你们有没有什么要寄的。”他把报纸和信扔在了桌子上，然后就走了。

信上写着“伊丽莎白·安收”，寄信人是弗朗西斯姑妈。当亨利姨姥爷读起报纸的时候，贝茜开始看信。弗朗西斯姑妈写道，当她得知莫莉姨妈没有收留伊丽莎白·安的时候，她是多么震惊。她说自己绝不会原谅莫莉姨妈。而且，当她得知她的宝贝去了帕特尼农场的时候，她浑身的血都凝固了！怎么能这么做呢！这实在太可怕了！可是，她暂时也无能为力，因为哈利特姑婆病得非常严重。伊丽莎白·安一定要做个勇敢、善良的孩子，要尽可能地承受这一切。不久之后，哦，她会尽快，弗朗西斯姑妈会赶来帕特尼农场，把她接走。“别总是哭，亲爱的。一想到你在那里，我的心都碎了！亲爱的，试着快乐起来！试着坚强起来克服困难！爱你的弗朗西斯姑妈。”

贝茜看完信抬起头，隔着桌子注视着阿比盖尔姨婆那面色红润、布满皱纹的脸，她正在弓着背专心地缝东西。亨利姨姥爷放下报纸，抓了一大把爆米花吃了起来，然后用手轻轻地打着拍子。当他能说话以后，他开始念叨："百犬狂吠震耳欲聋，百骏闻声奔若疾风。"

谢普哼了一声醒了过来。阿比盖尔姨婆给它吃了一把爆米花。睡梦中，埃莉诺惊了一下，它伸了个懒腰，又打了个哈欠，然后在贝茜的腿上蜷成一个球。贝茜觉得自己的身体也随着小猫有节奏的呼吸一起一伏的。

阿比盖尔姨婆抬起头，问道："看完信了？希望哈利特的病情没有恶化。弗朗西斯都说什么了？"

贝茜的脸一下子就红了，把信紧紧地攥在手中。她也不知道自己为什么会感到害羞。"弗朗西斯姑妈说……弗朗西斯姑妈说……"她犹犹豫豫地说着，"她说哈利特姑婆病得还是很严重。"她停顿了一下，深吸了口气，继续说道："她向你问好。"

弗朗西斯姑妈没有在信里说这些，她这是在说谎。不过，贝茜并不在乎这些。这么做可以让她少一点儿羞愧，尽管她不知道为什么。她又吃了一口爆米花，然后轻轻地抚摸着埃莉诺的背。亨利姨姥爷站起身，伸了个懒腰。"伙计们，到睡觉的时间了。"他说。贝茜听见亨利姨姥爷一边给表上弦，一边嘟囔：

但是，日出的光芒染红了大地……

第7章

贝茜考试不及格

大约一个月以后，贝茜独自一人穿过冰雪还未消融的树林，谢普在她身旁绕着圈地跑来跑去。她前进的时候，越走越慢。谢普跳起来向她撒娇的时候，她只是心不在焉地拍了拍它的头。林中小路的尽头是一块空地，在她眼前的是一座用木板搭建而成的简易房子。女孩停住脚步，低着头，焦虑地用靴子在雪地里划来划去。

那天学校里发生了一件很可怕的事。那位显赫却极少露面的教育督察员，突然来到学校视察，还测试了一下孩子的水平，这样他就能知道孩子到底学得怎么样了。

对贝茜而言，最可怕的事情莫过于考试了。贝茜还没有上学的时候，弗朗西斯姑妈就告诉她自己小时候害怕考试的事情。姑妈说考试让她口干舌燥、耳朵轰鸣、头痛欲裂、双腿发抖、大脑一片空白，以至于她连二加二等于几都不知道了。当然，贝茜第一次参加考试的时候并没有这些感觉，可是从那以后，她却经历了很多次和弗朗西斯姑妈一样的噩梦。每次考完，她都会告诉弗朗西斯姑妈自己那可怕的症状，有着同样感受的她们于是相互比较研究一下各自的症状，最后还会为考了低分而一起痛哭流涕。不过这一次，她不但又有了和弗朗西斯姑妈相同的症状，还多了些自己专属的毛病。

今天下午，当教育督察员来检查工作的时候，上述的那些症状全都出现了，而且还特别严重。贝茜觉得口干舌燥，双腿发软，胳膊肘上的骨头好像散架了似的，还觉得双眼刺痛。天哪，她答的都是些什么呀！只要教育督察员看她一眼，那可怕的紧张和恐慌感便死死地扼住了她的喉咙，让她喘不上气来，这种丢脸的情况重复了十几次。一想到这些，她就忽冷忽热，觉得自尊心受到了伤害！她平时表现得非常好，同学们都挺崇拜她，现在他们会怎么看她呀！刚才，走进树林的时候，她就一直哭。现在，她哭得眼睛红肿，喉咙哽咽。

贝茜还要把这件事告诉帕特尼一家人，再次经历一遍这种痛苦。她当然得把这件事告诉他们了，因为过去她总会把学校里发生的事告诉弗朗西斯姑妈。到家时，阿比盖尔姨婆正在屋里打盹儿，她只好出门，到树林里的糖浆房去找安姨妈和亨利姨姥爷，他们正在那里做糖浆。她想快刀斩乱麻，尽快了结此事。此刻，她拖着腿，一步一挨地向小小的木板房走去，垂头丧气地打开了房门。

安姨妈穿着一条旧的短裙和一件男式外套，脚穿一双橡胶高筒靴，满头大汗地往熊熊燃烧的火堆里加木头。火上架着一口平底大锅，锅里的糖浆咕嘟咕嘟地沸腾着。简陋的木板房里弥漫着白色的水蒸气以及枫树糖浆散发出来的诱人甜香。安姨妈转过头，她的双颊让火烤得红扑扑的，她朝贝茜点了点头。

“你好啊，贝茜。你来得正好。我特意给你留了碗热乎乎的糖浆，做成枫糖雪块吃。”

贝茜根本没有把这句话听进去，尽管她第一次吃枫糖雪块时，就深深地爱上了它。“安姨妈，”她沮丧地说，“今天下午教育督察员来我们学校了。”

“是吗？”安姨妈边说边把温度计插入沸腾的糖浆里。

“是的，我们还考了试。”贝茜说。

“是吗？”安姨妈说。她把温度计拿出来放到光下仔细地看了看。

“你肯定知道考试考得非常糟糕是什么感觉。”贝茜说着眼泪又开始在眼眶里打转。

“为什么，不，”安姨妈收拾着糖浆罐说道，“我以前考试的时候从来都不觉得沮丧。我觉得考试挺好玩的呀。”

“好玩?！”贝茜气愤地叫道。她瞪着安姨妈，眼泪都掉了下来。

“啊，是啊，就跟大冒险一样，难道你不这么认为吗？就跟有人使坏不想让你从横杆上跳过去，而你偏要跳过去让他们看看一样。我一直以为考试就是这样的。有人想拿‘肺炎’这个生僻的词来难倒你，你偏要把它写对了给他们瞧瞧。这是你的热枫糖浆。你最好趁热赶紧去做枫糖雪块吧。”

贝茜呆呆地端起那碗糖浆，看都没看它一眼。“可是你很紧张，就会忘了‘肺炎’这个词或者其他什么词怎么拼了呀！”她说，“我就是这样子。你知道口干舌燥，两腿发……”她停了下来。安姨妈已经说过，她根本没有这些症状。“好吧，不管怎样，我怕得都快站不住了。而且我从来没有犯过这么严重的错误！我拼写doubt的时候，把‘b’给漏了，拼写separate又少了‘e’。我说威斯康星州的北部挨着艾奥瓦州，我还说……”

“哦，好了，”安姨妈说，“只要你知道正确答案就行了，不是吗？这才是最重要的。”

这种观点贝茜闻所未闻，一下子难以认同。她只好摇了摇头，继续诉说道：“我还说‘13+8’等于‘22’！拼写March的时候，首写字母M也没有大写，我……”

“听我说，贝茜，你真的要把这一切都告诉我吗？”安姨妈快速果断地说道。安姨妈的这种说话方式会让所有的听众，甚至包括老谢普在内，都睁大眼睛，脑筋迅速运转起来。贝茜尝试着理解她的话，最后得出了一个惊人的结论。不，她不是想把这一切讲给安姨妈听。她为什么要这么做呢?

“你心里应该没想这么做吧，”安姨妈继续说，“因为这对谁都没有好处。即使你把doubt中的‘b’漏掉了，赫姆洛克山也依然屹立在那里。你要不抓紧把枫浆拿出去的话，它就凉了，你的枫糖雪块就做不成了。”

说完，安姨妈转过身，去添柴火，贝茜只好垂头丧气地走出门。门在她的身后关上了，她站在清澈湛蓝的天空下，太阳高高地挂在赫姆洛克山顶上。她抬头看着高山，山上到处都是白雪和树木的影子。安姨妈的话到底是什么意思呢？的确，赫姆洛克山还屹立在那里。但是，这有什么关系呢？这和她的数学考试有任何关系吗？她的的确确考了不及格，不是吗?

贝茜来到一棵松树下，找到一堆干净的雪。她把那碗枫浆平稳地放到一边，然后蹲了下来，把雪聚拢，堆积起来，再拍了拍。三月末的阳光已经很炙热，高大的松树散发出浓郁的松香。离她不远的地方，树液滴滴答答富有节奏地滴进一个吊在枫树上的桶里，树液都滴了半桶了。一只冠蓝鸦突然从枫树顶端的枝条上空掠过，鸟儿的叫声犹如一群叽叽喳喳的孩子的吵闹声。

贝茜端起碗，把枫糖绕着圈地浇在结实的雪上。雪很快就凝固了。她拿起其中一个大圈，仰起头，把它放进了嘴里。瞬间，嘴里就充满了夏天独有的香甜味，外面的部分还是热的，里面那些没有浇上糖浆的部分冰凉冰凉的。贝茜的牙齿很不错，她能嚼动酥脆香甜的大雪块，嚼完她还舔了舔手指。她望着高高的赫姆洛克山，山上的积雪在阳光下闪耀着金色的光芒。亨利姨姥爷曾经答应过她，等山上的积雪一融化，就会带她到山顶上去玩。亨利姨姥爷说，爬到山顶上以后，仿佛整个世界都在自己脚下。他还说，你家的房子、你家的大谷仓以及那些无垠的田地看上去就像是一些微不足道的小玩具。

贝茜听到一个恳切的声音，一个冰凉的鼻子戳到了她的手上。原来是老谢普，它也想吃枫糖雪块。虽然枫糖雪块很黏牙，可它却非常喜欢吃！贝茜又做了一些枫糖雪块，分了一半给谢普。谢普一下子就扑了过去，紧紧咬住糖块。它的嘴马上粘在了一起，它用爪子扒自己的嘴，又不停地摇晃着脑袋。贝茜大笑起来。接着，谢普终于张开了嘴巴，然后一边大声地嚼着，一边摇晃着脑袋，嘴巴张得大大的。贝茜看见糖块在它红色的嘴里，大白牙间一点点融化、消失。之后，谢普又低声叫了起来，乞求能得到更多的糖块，它还用前爪轻轻地拍打着女孩的裙子。“哦，你吃得也太快了吧！”贝茜叫道，不过她还是将剩下的糖分了一部分给谢普。这时，太阳已经降到了赫姆洛克山的下方，一道长长的暗蓝色影子笼罩在贝茜身上。赫姆洛克山看上去更加高大了，随着夜幕的降临，山好像要把天捅个窟窿一般。难怪从山顶上往下看，房子会那么小呢。贝茜把最后一块枫糖雪块放进嘴里，抬起头，望着那个好像要把天空戳破的庞然大物。现在，她的嗓子里那些堵着她的东西已经消失了。尽管她仍然不明白安姨妈口中的赫姆洛克山和她的考试有什么关系，不过她已经在理解这个问题上开了个好头。

贝茜拿起碗，往木板房的方向走时，谢普突然低吼了一声，耳朵和尾巴都竖了起来，眼睛朝小路的方向看去。在淡蓝色的夜幕中，什么东西正沿着小路向这边移动，还发出奇怪的声音，听起来像是人哭的声音。真的是有人在哭！是一个小女孩的哭声。贝茜现在已经可以看清她了，小女孩跌跌撞撞地向这边走着，哭得心都快碎了。原来是莫莉，那个每天在学校里贝茜都要带着上阅读课的女孩。贝茜和谢普跑着迎了上去。“怎么了，莫莉？发生了什么事？”贝茜蹲下来，把这个正在痛哭流涕的小女孩搂入怀里，“你摔倒了？有没有受伤？你来这里做什么？你迷路了？”

“我不想走！我真的不想走！”莫莉一遍一遍地重复着，紧紧地依偎在贝茜的怀里。贝茜用了好长一段时间才让她平静下来，弄清楚到底是怎么一回事。贝茜得知，莫莉之所以这么伤心，是因为她妈妈得了急病，需要住院治疗，这样家里就没有人可以照顾她了。她本来应该到城里陌生的亲戚家里借住的，可她的亲戚根本就不愿意收留她，而且还当着她的面拒绝了她。

贝茜太了解那是一种什么样的感受了！她心里充满了同情和怜悯。有那么一瞬间，她仿佛又尴尬地站在了人行道上，站在了莱斯罗普家的家门口，而老莱斯罗普夫人正不怀好意地把银白色脑袋从窗户里伸出来。这种没人要的凄惨感觉她深有体会。她知道莫莉为什么哭了。她攥紧自己的拳头，暗下决心一定要把莫莉从苦难中解救出来！

她没有回家去找阿比盖尔姨婆。亨利姨姥爷刚才提着一桶糖浆出门去了，他要把糖浆倒进雪橇上的一个大桶里，所以她也没有等他回来。贝茜以最快的速度直奔制作糖浆的木板房，找安姨妈去了。不知为什么，贝茜觉得安姨妈知道这件事以后，问题就能够得到解决。

安姨妈瞥了一眼莫莉之后，并没有停下手里的活儿去亲吻她，甚至都没有细细地打量一下她。过了好一会儿，安姨妈往一个罐子里装满糖浆，又拧上了盖子后，才说道："好吧，如果她的亲戚同意让她待在我们这里的话，就按你想的，叫她在我们这儿住几天，等她妈妈出院以后，我们再送她回去。现在，你有自己的房间了。我想，你就和她睡一起吧。"

"哦，莫莉，莫莉，莫莉！"贝茜喊着，蹦了蹦，又用力地把小女孩搂进怀里，"哦，这就像我有一个小妹妹了！"

安姨妈却干巴巴地说了一句："先别高兴得太早，她的亲戚不一定愿意让她待在我们这里。我们又不了解他们。"

贝茜跑到安姨妈的身边，抓起她的手，抬起头，专注地看着她。“安姨妈，如果你去见见他们，说一声，他们会答应的！”

安姨妈尴尬地笑了笑，立马又板起脸。“你最好现在就回家去，贝茜。你该帮妈妈做晚饭了。”

在夜色渐浓的树林里，两个女孩牵着手一路小跑，谢普跟在她们的后面，莫莉紧紧抓着贝茜的手。“你难道不害怕吗，贝茜？这么晚了在树林里走？”莫莉崇拜地问，两眼害怕地环顾着四周。

“哦，我不害怕！”贝茜说，俨然一副守护神的模样，“没什么可害怕的。除非我们走错了路，掉进了狼坑里。”

“哦，哦，哦！”莫莉带着哭腔说道，“狼坑是什么？多可怕的名字啊！”

贝茜笑了。她尽量让自己的笑声听起来和安姨妈的一样勇敢，安姨妈的笑声听起来总像在嘲笑胆小懦弱的人。事实上，贝茜也开始担心她们是否走了错路，因为她现在也不确定自己能不能找到回家的路。不过，她没多想，只是加快脚步，透过暮色摸索着往前走着。“哦，狼坑和狼没什么关系，”贝茜开始回答莫莉的问题，“不管怎么说，现在是没什么关系了。那只是地上的一个很大很深的坑，是溪水长时间冲刷，在地表形成的坑。亨利姨姥爷带我去看狼坑的时候，就是这么跟我说的。时间一长，一部分沟顶会塌陷下去。有时候，即使是夏天，顶部没有塌陷的地方，下面还会结冰呢，阿比盖尔姨婆是这么说的。”

“那为什么要叫它狼坑呢？”莫莉问。她紧挨着贝茜走着，还死死地攥着她的手。

“哦，很久以前，或者说是非常久以前，第一批移民刚来这里的时候，他们听见有一只狼整晚都在悲戚地叫，第二天早上还在叫。他们于是循着叫声来到山上，发现原来是一只狼掉进一个坑里，爬出不来了。”

“我的天！我希望他们把狼给杀了！”莫莉说。

“哦，没事了，那都是一百多年前的事了。”贝茜说。贝茜其实已经不知道自己在说什么了。此时，她满脑子想的都是如果路走对了，她们早该到家了。回家的路明明是通往山下的呀，可她们现在却是在往山上爬。她发现谢普不知道跑到哪里去了。“莫莉，在这里等一下，”贝茜说，“我想……我要往前走一点儿，去看看……看看……”她沿着蜿蜒曲折的山路，往前冲了出去，然后突然呆住了，心都凉了半截儿。山路在前面拐弯了，一直通向山顶。

一瞬间，贝茜产生了一股强烈的冲动，她想大声喊弗朗西斯姑妈的名字，然后疯狂地逃走，逃到哪里都行。可是，想到莫莉还在后面充满信心地等着她，希望自己能照顾她，贝茜便咬紧牙关，抑制住自己不要叫出声来。她站在那儿，思索着。现在，她不可以害怕。她们只能顺着原路往回走，走到岔路口，朝着正确的方向拐弯。但是，天黑之前，她们要是回不到岔路口的话，那时就看不清路了，又该怎么办呢？哦，她不敢再往下想了。接着，她一边往回跑，一边大声喊道："过来，莫莉。"她尽量让自己的语气听起来跟安姨妈的一样镇定。"我们可能拐错弯了，我们最好……"

可是，莫莉不在那里了。一瞬间，贝茜便意识到莫莉肯定是失踪了。幽暗绵长的林间小路上，一个莫莉的足迹也没有。

这时，贝茜真的害怕起来。她把嗓门提到最高分贝，大声喊道："莫莉！莫莉！"她克服了自身的恐惧，开始匆忙往回赶。这时，她突然听到莫莉微弱的叫喊声。很显然，叫声是从她的脚底下某个地方传上来的。

"哦，贝茜！救我出去！救我出去！"

"你在哪里？"贝茜惊慌失措地问道。

"我不知道！"莫莉哭泣的声音传了过来，"我只是往路边挪了挪，结果脚下一滑，在冰上摔了一跤，然后就一直往下滑。我停不下来，结果便掉进了一个大深坑里！"

贝茜听完后，吓得头发都竖了起来。莫莉一定是掉进狼坑里了！是的，刚才她们离狼坑很近。这时，她想起有一棵粗大的白桦树立在这附近，阻拦了小溪的去路，使它不得不留到狼坑里。虽然她现在非常害怕自己也掉进狼坑，但她还是壮起胆子，小心翼翼地不让自己滑到，一步一探地来到那棵白桦树下。之后，她往幽暗的深洞里看了一眼。是的，隐约中，莫莉的脸出现了，但只是一个小白点。莫莉哭着，抽噎着，向贝茜张开双臂。

“莫莉，你受伤了吗？”

“没有，我掉到一大堆雪上。不过，我浑身上下湿透了，快要冻僵了。我想出去！我想出去！”

贝茜紧紧地抱住白桦树，头脑飞速旋转着。她该怎么办？“看着我，莫莉！”贝茜向下喊道，“我马上沿着这条路跑回家，把亨利姨姥爷叫来。他会拿绳子把你拉上来的！”

听到这些话，莫莉的呜咽声变成了歇斯底里的喊叫：“哦，贝茜！别丢下我！不要！不要！狼会把我吃掉的！贝茜，不要把我一个人扔在这里！”小女孩都快吓疯了。

“可是，我一个人不可能把你救上来啊！”贝茜哭着喊道。她的牙冻得直打架。

“不要走！不要走！”从黑洞洞的深坑里传来了哀号声。贝茜努力半天才止住了哭。她跌坐在一块石头上，开始想办法。这时，一个想法突然从她的脑袋里蹦出来：“要是安姨妈在，她会怎么做呢？她不会哭，而是会想办法。”

贝茜绝望地环顾四周。首先映入眼帘的是一根被风刮断了的大松树枝。它一端插在树缝里，另一端歪斜地倚在松树上，就在洞口不远处。它在这里好像已经有一段时间了，松针大部分已经干枯了，有些还落在了地上。松树枝的主干和梢头看上去就像……是的，看起来就像一架梯子！安姨妈肯定也会这么认为的。

“等会儿！等会儿，莫莉！”贝茜激动地向洞口里喊着，兴奋得全身发热，“喂，听我说！你躲到旁边的角落里，那里就好比是一个屋顶。我扔个东西下去，你也许能顺着它爬上来。”

“哦，它会砸到我的！”莫莉喊道，她越来越害怕了。不过，在贝茜用尽全力地拽着树枝时，她还是乖乖地躲到了角落里。由于松树枝被厚厚的一层雪盖住了，刚开始的时候，贝茜根本就拽不动它。于是，她将树枝上面的雪擦掉，找来一根小木棍当作撬杠，用力撬，她感到松树枝动了一小点儿。她把全身力气和重量都压到那根撬杠上，最后松树枝终于动了。接下来就容易多了，因为是顺着往下的方向在雪地上往洞口拖。她的脸憋得通红，又推又拽，累得满头大汗，全身上下都湿透了。慢慢地，她终于把松树枝拖到了洞口边上，然后用力一推，松树枝的一端掉了下去，枝干正好靠在了洞壁上。接着，她斜着身子往洞里看了一眼，和她期望的一样，松树枝的尖端先落了下去，牢牢地栽进了雪里，这样的话，莫莉即使中途摔下去，也不会把骨头给摔断了。贝茜累得喘不过气来，一时连话都说不上来了。“莫莉，到这边来！”她缓了一会儿说，“现在你顺着树枝往上爬，一直爬到我能够到你的地方。”

莫莉腿脚麻利地从自己的“监牢”里往上爬，就像一只训练有素的松鼠一样，一步一步地爬到松树枝的顶端。现在，莫莉仍在坑边缘的下面一点儿。贝茜趴到雪地上，伸出她的手。莫莉紧紧抓住贝茜的手，脚尖一蹬，慢慢地爬了出来。

就在这时，谢普一跳一跳地跑了过来，大声地叫着，后面跟着安姨妈。她穿着橡胶靴子，手里提着马灯，一脸焦灼和不安。

安姨妈突然停了下来，看着这两个女孩。她们浑身是雪，脸上却闪着兴奋的光芒。她们身后是一个黑乎乎的大洞。“我跟爸爸说过不下上百次了，让他在深坑外围上一圈栅栏。”安姨妈平静地、就事论事地说道，“总有一天羊会掉进去的。谢普自己跑回了家，你却没有回来，我们猜你肯定是拐错弯了。”

贝茜心里升起一股怒火。她希望自己的英雄事迹可以得到表扬。她希望安姨妈可以意识到……嗯，要是弗朗西斯姑妈在这里就好了，她肯定会意识到！

“我不小心掉进坑里了，贝茜想跑回家请帕特尼先生来帮忙，但是我不让她走。于是，她就把一根松树枝扔进坑里，我顺着它爬了上来。”莫莉解释道。

“哦，原来是这样啊！”安姨妈说。她低头看了看深坑，看见了那根大树枝，又回头看了看地面上那些贝茜拖着松树枝留下的痕迹。“嗯，一个这么小的女孩能想出这么个好主意是很了不起。”安姨妈简要地说，“我认为你可以照顾好莫莉的！”

安姨妈说话的语调和平时没有什么不同，并立刻牵起两个女孩的手，一起往回走去。不过，攥着安姨妈强壮有力的大手，贝茜的心里唱起了快乐的歌。现在，她知道安姨妈意识到了。她在黑暗中快步走着，脸上露出了笑容。

当她们走到家门口的时候，安姨妈问道：“你是怎么想到那个办法的？”

“我努力地想，你要是遇到相似的情景，会怎么做。”贝茜说。

“哦，”安姨妈说，“好啊。”

安姨妈没有再说什么。不过，在她们走进已经点起灯的房间时，贝茜抬头瞥了一眼安姨妈，看到她的脸上露出了一丝微笑。她让安姨妈开心了。

那天晚上，贝茜躺到床上，搂着身体缩成一团、暖暖的莫莉。她忽然隐约地想起当天下午发生的一件微不足道的小事——她考试没及格。

第8章

贝茜学做针线活儿

贝茜和莫莉把黛博拉带到了学校里。黛博拉是一个老旧的、有着一头棕色卷发的木头洋娃娃。自从阿比盖尔姨婆的童年结束后，它就一直躺在箱子里，因为安姨妈小时候根本就不喜欢玩洋娃娃。起初，贝茜不敢提出看看洋娃娃，更别说拿着它玩了。这个星期六，也就是贝茜到帕特尼农场来的第一个星期六，埃伦如约而至。她一进屋就说："哦，帕特尼夫人，我们能不能玩一玩黛博拉啊？"

阿比盖尔姨婆回答说："为什么不呢？当然了。怪不得我觉得自己好像忘了什么似的！"阿比盖尔姨婆领着她们爬上了寒冷的阁楼，打开了屋檐下的那只皮箱。一个木头洋娃娃仰面躺在里面，用一双清澈明亮的蓝眼睛看着她们。

"哦，黛比，亲爱的，"阿比盖尔姨婆轻轻拿起洋娃娃说道，"我们一起到丁香花丛里玩耍的日子已经过去很久了，是不是？这么多年，你一直待在这里，肯定很寂寞吧。不过，没关系，现在你的好日子又来了。”她把洋娃娃的花边蓬蓬裙往下拉了拉，又把领口的蕾丝抚平后，默默无言地盯着它看了一会儿。从她说话的语气和她爱抚黛博拉的方式，以及她端详黛博拉的眼神中，贝茜看出她曾多么宝贝这个洋娃娃，即使是现在，她依然掩饰不住对它的喜爱。

当阿比盖尔姨婆把黛博拉放进贝茜的胳膊里时，女孩觉得自己像是得到了一件活生生的珍宝。她和埃伦兴奋地看着丝带上的波浪花边，这些都是手工缝到裙子的褶边上的。她们掀起丝绸褶皱衬边，满脸惊奇地欣赏着制作精良的小裙子、有衬边的衬裤、柔软漂亮的小鞋子以及脚上的那双白袜子。阿比盖尔姨婆看着她们，嘴角挂着一丝漫不经心的微笑，似乎又回到了自己的童年时代。

“在这上面玩太冷了。”她说着，深吸了一口气，“你们最好把黛博拉和箱子带到朝南的屋子里去玩。”她抱着洋娃娃，贝茜和埃伦一人抬着旧箱子的一头——那个箱子还不及现在的手提箱大。之后，她们坐到沙发上，沙发前的桌上放着一盏灯。谢普正趴在上面，贝茜拿起几根安姨妈给它准备的骨头，把它哄了下来。当谢普吃完骨头，跑回沙发，打算再睡一觉的时候，它发现自己的位子已经让两个女孩给占了。她们俩正盘腿坐在沙发上，在箱子里寻宝，里面的东西被翻出来扔得到处都是。谢普只得长叹一口气，坐下来，把鼻子凑到贝茜膝盖旁的沙发上，温顺的黑眼睛注视着两个女孩的一举一动。贝茜时不时停下，不再摆弄黛博拉，看到新裙子也不再大呼小叫了，还会拍拍谢普的脑袋，抚摸它的耳朵。这正是谢普想要的，每次贝茜轻轻爱抚它的时候，它都会开心地摇起尾巴，拍打着地面。

此后，贝茜就把黛博拉和箱子一直放在楼下，这样她就可以随时拿出来玩了。她还经常拿着黛博拉到学校去。以前，贝茜从来没有听说过可以把洋娃娃带到学校里玩这种事。这所学校是一所奇怪的老学校，当今任何一位教育督察员都会对它不屑一顾。实际上，不只是贝茜一个人把洋娃娃带到学校去。本顿小姐也就是老师，把一个挂外套的架子放到门口。孩子们上课的时候，洋娃娃们就可以待在架子上耐心地等待。每一个休息时间，这些“小妈妈”就会拿下自己的“孩子”来玩。不久之后，天气已经变得足够暖和了，到外面玩耍的时候，即使不跑来跑去，也会暖洋洋的，不会觉得冷得要死。于是，洋娃娃们和它们的“妈妈”就会一起到空地中的一堆岩石上玩耍。事实上，这片满是石头的空地就是她们的操场。

在春日的阳光下，她们坐在操场上玩耍。天气一天比一天暖和。石头之间有很多小洞、空隙、凹槽和洞穴，是玩过家家的好地方。每个女孩都有专属的“小架子”和“小房间”，她们在这一堆石头之间来回穿梭，“拜访”那些洋娃娃。女孩们边玩边谈论着各种事情。男孩们大喊大叫、连打带闹地在石头周围玩着弹球或警察抓小偷、赛跑、摔跤等游戏。

可是，有一个孩子既不跟女孩一起玩，也不跟男孩一起大喊大叫地跑来跑去。这个孩子就是六岁的小伊莱亚斯，他是和莫莉一起上一年级的两个男生中的一个。课间休息的时候，他总是独自一人靠坐在教室的门框上，沮丧地低着头，用脚尖踢着地上的小石子。他总是穿着同一双脏兮兮的破鞋子。有一天，女孩们在玩的时候说起了伊莱亚斯。“你们不觉得伊莱亚斯·布鲁斯特看起来很恐怖吗？”伊莱扎说。她是唯一的一个二年级生，不过莫莉在和她一起上二年级的阅读课。

“哦，是呀！还穿得破破烂烂的！”安娜塔西亚·蒙娜汉说。不过，大家都简称她为斯泰西。她是一个十四岁的大女孩，正上七年级。

“看上去，他从没梳过头发！”贝茜说，“他的头发看起来就像一堆枯草。”

莫莉对于自己能加入这些大女孩的谈论并说出自己的想法感到很骄傲。“而且，有时他会忘记穿袜子，光着脏脚，就穿那双又破又旧的鞋。”

“我想大多数时候他根本就没有袜子可以穿。”斯泰西说，“我猜他继父把他的袜子都给‘喝掉’了。”

“他怎么能把袜子给‘喝掉’呢？”莫莉把她圆圆的眼睛睁得大大地问道。

“嘘！你快别问了！小女孩不该知道这些事情，是不是，贝茜？”

“确实如此！”贝茜说。事实上，她自己也不知道斯泰西是什么意思。不过，这一次她表现得非常机智，没再多说什么。

此刻，几个男孩正蹲在岩石附近玩弹球。

“好吧，不管怎样，”莫莉说，“我并不关心他继父把他的袜子怎么了。我只希望伊莱亚斯能穿着它们来上学。有好几次，他只穿着那条脏兮兮的外裤，里面什么都没穿。我从破了洞的地方看到他的肉都露出来了。”

“我真希望他不要坐得离我们那么近，”贝茜说，“他太脏了。”

所有的女孩都赞同贝茜这个观点。拉尔夫抬头扫了她们一眼，眉头紧锁。他正蹲在地上，弯着中指，准备弹球。拉尔夫看上去总是那么一副样子，粗鲁还有点儿凶。“哦，你们这些女孩让我感到恶心！”拉尔夫说。他把自己的球弹向目标，击中目标后，把对手的弹球直接揣进了衣服口袋。他站起身，对女孩们沉着脸。“我猜要是你们也过上他那样的日子，你们也会脏兮兮的！多数情况下，他连早饭都没得吃。要不是我妈妈在我的饭盒里也加上他那份，他连午饭都吃不上。然而，你们却在这里奚落他！”

“那他妈妈为什么不给他做午饭呀？”贝茜问。

“他根本就没有妈妈。她死了。”拉尔夫说完，手插进兜里转身走了。拉尔夫朝男孩们喊道：“快来啊，伙伴们，我们跑到桥那边再跑回来！”说罢，他就跑开了。在他的召唤下，其他人便和他赛起跑来。

“哼，不管怎么说，我并不在乎这一切。伊莱亚斯就是脏兮兮、破破烂烂的！”斯泰西说。说罢，她瞟了伊莱亚斯一眼。伊莱亚斯依然耷拉着头倚着屋门，无精打采地踢着地面上的石子。

不过，贝茜没有再多说什么。

本顿小姐说她当天会到帕特尼家里做家访。晚上，在一间朝南的屋子里，一家人和本顿小姐围坐在一盏灯旁。贝茜和亨利姨姥爷边下着跳棋边问道：“怎么有人能把袜子‘喝掉’呀？”

“天哪，孩子，你在说什么呀？”阿比盖尔姨婆问道。

贝茜把安娜塔西亚·蒙娜汉的话复述了一遍。这些话立即引起了几个大人的震惊和关切。对此，贝茜心里颇为惊讶。“啊，我不知道那个巴德·沃克又开始酗酒了！”亨利姨姥爷说，“天哪！太糟了！”

“可怜的苏西死后，是谁在照顾那个孩子呢？”阿比盖尔姨婆问大家。

“伊莱亚斯是不是和他那个毫无作为的继父生活在一起呀？他们能吃得饱肚子吗？”安姨妈说。她看上去很焦虑。

很显然，贝茜的提问让帕特尼一家又想起了一些往事。这些事由于已经很久不被提起，马上就要被他们遗忘了。接下来，他们又说了一些有关伊莱亚斯的事，本顿小姐也证实了贝茜和斯泰西所说的那些话。

“我们的吃喝这么充足、富裕，难道就坐在这里不伸出援手吗！”阿比盖尔姨婆叫道。

“帮助他只是我们的举手之劳啊！”安姨妈说。

没有人指责伊莱亚斯令人反感的外表，这一点深深地震撼了贝茜。她深深地为自己和其他女孩所说的那些话感到羞愧。于是，贝茜沉默着，假装深陷棋局的样子。

“你知道吗，”阿比盖尔姨婆突然说，“如果伊莱亚斯表现得好的话，那个埃尔莫尔·庞德可能会收养他。对此，我毫不怀疑。”

“埃尔莫尔·庞德是谁？”本顿小姐问。

“噢，你一定见过他，就是那个块头很大、有张红脸盘、很有亲和力的人。每年，他都会来我们这里两次，为了收购木材。他住在迪格比，不过他夫人是希尔斯伯勒人，名叫马泰·佩勒姆，人长得很漂亮。他们一直没有孩子，而且佩勒姆上次回来探亲时，还告诉我她和她丈夫非常想收养一个男孩。看起来，庞德先生一直以来都特别想要个男孩。他那个人非常善良，他肯定能给伊莱亚斯一个幸福的家。”

“可是，上帝啊，”本顿小姐说，“谁愿意收养伊莱亚斯这孩子啊！他看上去老是邋里邋遢的，而且他也老表现得郁郁寡欢的。我敢说他的继父对他肯定不好，只要他一喝醉了，伊莱亚斯就会吓得头都不敢抬。”

这时，整点的钟声响了起来。“哦，听听！”安姨妈说，“都九点了，孩子们还没上床睡觉！这时候，莫莉都应该睡着了。快去睡吧，贝茜！你也去睡吧，莫莉！还有，贝茜，你要确保莫莉睡衣的扣子都扣上了。”

就这样，接下来大人们谈论的有关伊莱亚斯·布鲁斯特的话，贝茜就无法听到了。

贝茜一边脱衣服，一边漫不经心地回答莫莉喋喋不休的各种问题。她脑海里想着的都是伊莱亚斯的事。当她爬上床，熄了灯，然后和莫莉依偎在一起的时候，她还在想着他的事。两个女孩的腿都以同样的角度弯曲着，就像是抽屉里的两把勺子。第二天醒来以后，贝茜还在想着这事。她一见到安姨妈，就将自己昨晚想出来的计划一股脑儿地说给她听。自从莫莉掉进狼坑的那个晚上，她看见安姨妈的嘴角泛起的那丝微笑以后，她就再也不惧怕安姨妈了。

“安姨妈，我们学校的女孩们可以一起缝制一些漂亮的新衣服给伊莱亚斯·布鲁斯特，把他打扮一下，这样他看起来就会好多了。当然了，你得指导我们做针线活儿。也许这样庞德先生就会喜欢他，想要收养他了吧？”

安姨妈专注地听着，然后点了点头。“是的，我觉得这是个好主意。”她说，“我们昨天晚上就商讨了一下该怎么帮他。你们帮他做衣服，妈妈给他织几双袜子，爸爸给他做几双鞋。五月下旬，庞德先生才会开始他的春季旅行，所以我们有的是时间准备。”

那天贝茜来到学校，觉得自己身兼重任。课间休息时，她把女孩们召集到石头堆前，告诉了她们缝衣服的这个计划。“安姨妈说她会帮我们。每周六的下午，你们都来我家，直到把衣服做好。这会很有意思的！阿比盖尔姨婆已经打电话问过商店的威尔金斯先生了，他说如果我们愿意做衣服的话，他会给我们提供布料。”

贝茜说到“做衣服”的时候，一副煞有介事的样子，但实际上，她根本就没有拿过针。周六下午，女孩们聚到一起，埃伦特别会做针线活儿，伊莱扎也比贝茜做得好，贝茜觉得自己很差劲。为了不给大家拖后腿，到了晚上，贝茜会点着灯，继续练习针线活儿，阿比盖尔姨婆在一旁给她提供必要的指导。

每周六下午，安姨妈都会指导女孩们做针线活儿，教那些腿足够长的女孩去蹬缝纫机。她们先用阿比盖尔姨婆的旧灰色毛呢裙做了一条小裤子。这样做是为了赶在商店店主把新的蓝色斜纹哔叽布送来之前，先练习练习。安姨妈亲自示范给她们看，怎样先用别针把纸样别在布料上，然后再沿着纸样的形状去剪旧毛呢裙，最后给每人分了一块布料。贝茜觉得那些形状不规则的扁平布料怎么弄也做不出裤子来。一个女孩拿起裤样包装上的说明，慢慢地读了起来，告诉大家怎么把这些布块缝到一起做成裤子，听起来有些神秘。就在她们把材料的正反面拼反之前，安姨妈及时给予了纠正。斯泰西作为年龄最大的一位当仁不让，按照操作说明仔细地把切口拼在一起，又把假缝线做好。没过多久，一条轮廓清晰却有些粗糙的小裤子就缝好了。虽然它没有褶边，没有腰头，但它看上去已经有个裤子的样子了。这对贝茜来说，已经是一个天大的奇迹了！接下来，安姨妈用缝纫机把布料缝合在一起。之后，女孩们接过布料缝好贴边的假缝线，又每人打了一个扣眼。贝茜率先打好了一个扣眼。所有这些都做完以后，贝茜觉得非常累，就好像她刚从学校一口气跑回了家一样——很累但很自豪。安姨妈在检查贝茜打的扣眼的时候，用手捐捂了很久的脸，就好像要打喷嚏似的，不过她根本就不可能会打喷嚏。

就这样，女孩们度过了两个周六的下午，并终于用旧毛呢裙做好了一条裤子。当她们把做好的裤子拿给阿比盖尔姨婆看时，姨婆兴奋地称赞道：“哦，这竟然是用我那条旧裙子做成的！”她说着戴上了老花镜，仔细地看了起来。看到那些大小不一的扣眼时，她没有笑，而是快步跑到隔壁房间，她的咳嗽声很快就从那里传了出来。

接下来，女孩们用安姨妈做裙子时剩下的布料做了一件小上衣。这些布料是棉布的，上面有着蓝色的格子，还很新。由于这种布料比较薄，所以它要比灰色的毛呢布好裁剪得多。女孩们没花多长时间就做好了一件小上衣，又把扣眼打好，接着将扣子缝了上去。她们打扣眼的时候，安姨妈坐在一旁，仔细地看着她们。比起她们做那条裤子时的表现，她们已经有了很大进步。

最后，她们开始小心翼翼地裁剪商店里送来的那些布料。现在，她们一周聚两次。因为五月份的日子正在不知不觉当中悄悄地流逝着，庞德先生随时可能会到这里来。由于她们已经做过一条裤子了，现在她们做起来已经非常熟练，也就不怎么需要安姨妈的指导了。只有在她们遇到棘手的问题时，安姨妈才会走过来帮助她们。大部分时间里，安姨妈都会和孩子们坐在一起，默默地做着自己的针线活儿，孩子们几乎都快把她给忘了。大家一边缝衣服，一边聊天，过得十分开心。

在大部分时间里，女孩们聊的话题都是自己对伊莱亚斯有多么友善之类的。“哦，我非常肯定，除了我们，哪儿会有女孩愿意给伊莱亚斯那样脏的小孩做这么多事的。”

“当然啦！”贝茜说，“这听起来就像是一个美妙的故事，对不对？——为一个可怜的穷孩子忙碌，牺牲自己的时间！”

“我觉得伊莱亚斯肯定会感激我们的！”埃伦说，“我毫不怀疑，他一辈子都不会忘记我们的。”

这句话激发了贝茜的想象力，她说：“我觉得当他长大以后，他肯定会把自己贫穷无助、衣衫褴褛时所得到的这些帮助告诉别人的，斯泰西·蒙娜汉、埃伦·彼得斯、伊丽莎白·安……”

“还有伊莱扎！” 伊莱扎着急地插话进来，生怕自己在这件光辉事件中所贡献的那份力量被别人遗忘。

安姨妈在一旁做着针线活儿，静静地听着孩子们的谈话，什么也没有说。

五月底的时候，她们已经做好了两件小上衣、两条小裤子、两双袜子。老师还送来两套内衣裤，亨利姨姥爷也做好了一双小鞋子。女孩们抚摸着衣服和鞋子，心中满是骄傲和自豪，喋喋不休地争论着怎么把这些衣服送给伊莱亚斯，才会显得够隆重、够气派。贝茜提议说，她们把这些衣服全部带到学校去，亲手将它们一件一件地交给伊莱亚斯。这样，当伊莱亚斯一遍又一遍地说谢谢的时候，在场的所有同学就都可以听到了。不过，斯泰西的看法不同。她觉得她们最好趁伊莱亚斯的继父在家的时候，当着他的面把衣服交给伊莱亚斯，让他感到羞愧，因为她们替他做了本该是他做的事情。

这时，安姨妈也加入进来，用一种镇定、平缓的语调说道：“你们为什么要让伊莱亚斯知道这些衣服是从哪儿来的呢？”

女孩们都转过头来盯着安姨妈。没有人可以回答她的问题。大家甚至从来没有想过还能有这样的问题。

安姨妈换种方式接着又问道："那你们又是为了什么才做的这些衣服呢？"

女孩们又一次目瞪口呆，鸦雀无声。安姨妈为什么要这么问呢？她明明知道为什么要做这些衣服的。

最后，莫莉用她纯真、率直的方式回答说："哎呀，安小姐你是知道为了什么的！这样做，伊莱亚斯·布鲁斯特就会变漂亮，庞德先生就有可能收养他了呀！"

"那好，"安姨妈说，"这些跟伊莱亚斯知道衣服是谁做的又有什么关系呢？"

"这样的话，伊莱亚斯就知道他应该感谢谁了呀！"贝茜说。

"哦，"安姨妈说，"哦，我明白了。你们这么做不是为了帮助伊莱亚斯。你们这么做是为了让他对你们感激涕零。我明白了。莫莉还小，难怪还无法理解你们这些女孩的意图。"安姨妈好像了解了什么似的点了点头，似乎终于弄清了事情的原委。

但是，莫莉还是搞不清状况。她根本就不知道大家在说什么。她焦躁不安地从一张严肃、沮丧的脸扫到另一张上。这到底是怎么一回事呀？

最后，莫莉得出这么一个结论，其实根本就什么事也没有发生。沉默了片刻之后，安姨妈起身，以一贯的严肃表情和轻松的语调说道："这是最后一个下午了，你们这些女孩不想开个茶话会，来庆祝一下吗？这里有新烤好的饼干，你们还可以自己榨一些柠檬汁来喝。"

于是，女孩们来到门廊下，一边享受着暖洋洋的日光，一边品尝着饼干和饮料，还讨论着酱汁。洋娃娃作为客人也加入到她们的行列当中。但是，没有人再提怎么把衣服送给伊莱亚斯的事了。

女孩们纷纷离去以后，贝茜去送她们之中年龄最大的两个女孩。"我说，哪天天黑以后，我们把衣服放到伊莱亚斯的家门口，然后敲敲门，转身跑开，那肯定很好玩吧？"她以不太确定的口吻说道，手里不停地抚摸着黛博拉的卷发。

"好啊，我同意，"埃伦并没有将目光放在贝茜身上，她一边说一边低着头看着路上的杂草，"我觉得这么做很有趣！"

莫莉正在跟安妮、伊莱扎一起玩，没听到这个计划。不过，大家还是允许她和这些比她大的女孩一起完成这个奇妙的尝试。

五月末一个暖和的夜晚，青蛙高声唱着欢快的歌曲，几只萤火虫在潮湿的沼泽地上闪着微弱的亮光，边上就是伊莱亚斯的家，只不过那间小屋破烂不堪，摇摇晃晃。女孩们轮流抱着一大捆衣物，在树荫下悄悄地前进，兴奋不已。有时候，她们还回过头去，去看看有没有人跟踪她们，然后用手偷偷地掩住嘴唇，不让自己发出咯咯的笑声。当然，她们笑得毫无根据，但也正因此，这成了她们发笑的唯一理由。

当她们看到小屋的时候，她们发现屋子其中的一扇窗户里闪着微弱的灯光。女孩们的心中又是激动又是紧张，幻想着伊莱亚斯那个凶恶的继父随时都有可能冲出来向她们大吼大叫。不过，她们还是鼓足了勇气，蹑手蹑脚地往屋子走去。脚踩在树枝、灌木丛还有沙石上发出的细碎的声音，在寂静的夜晚显得格外响亮。还好，亮着灯的那间屋子里并没有哪个人被外面的响声惊动。她们悄悄地趴到窗子前，偷偷地往里看，止住了咯咯的笑声。一盏小小的煤油灯在昏暗潮湿的屋子里发出黯淡的亮光，使屋子显得更加阴森可怖了。屋子里很乱，一根破烟囱冒着烟，一张光秃秃、满是油腻的木头桌子随意地放在那里，旁边有两把椅背已经破裂的椅子。伊莱亚斯正坐在其中一把椅子上，身子趴在桌子上，头枕着胳膊，已经睡着了。昏暗的灯光映出他那小小的身影，显得格外孤独阴郁。他的脚上穿着一双沾满污泥的破鞋子，身上衣服的袖子裂开了一道缝，已经破到了胳膊肘上。一片已经发干的面包从他那瘦骨嶙峋的小手中滑落，掉到了地上，那张光秃秃的桌子上放着一把铁勺。这里没有其他人，也没有其他亮光，空荡荡的，也没有生火。

这个晚上，贝茜透过窗子所看到的一切，令她永生难忘。她的眼睛热乎乎的，可身体却变得冰冷。她的心剧烈地跳动着。黑暗之中，她伸出手，给了莫莉一个大大的拥抱。想想看，如果莫莉睡在这间屋子里，一个人孤零零地在这脏兮兮的、凄凉的环境里，没有晚饭可以吃，也没有人把她抱上床！她又看向挨着她的埃伦，发觉埃伦正用围裙悄悄地抹着眼泪。

大家都没有说话。斯泰西抱着包裹，表情严肃地走到门口，把它放下，然后重重地敲了敲门。之后，女孩们蹑手蹑脚地跑到路上，躲到树荫下，等着伊莱亚斯开门。一道黄色的亮光出现了，伊莱亚斯打开了门，手里端着那盏小煤油灯。她们看见他弯下腰，捡起包裹，然后回到屋里去了。于是，女孩们静悄悄地迅速离开，在十字路口处，互道晚安后，各自回家去了。

贝茜和莫莉爬上小山，往帕特尼农场走去。这是一个温暖的五月夜晚，爬着爬着，莫莉的呼吸逐渐变得急促起来。“我们在这块石头上坐下来歇一会儿吧。”她说。

这时，她们已经爬到半山腰了。坐在这块石头上，她们往农场看去。农舍里亮着的灯把整条山路和对面大山的一侧都给照亮了，就好像是一颗星星从天上落了下来。贝茜躺倒在那块石头上，一边仰望着星空，一边数着星星。一阵沉寂之后，莫莉说道：“哦，我记得你们说过，我们要把衣服带到学校里去，当着别的同学的面，把它们交给伊莱亚斯。难道你们忘了？”

贝茜想起了这个计划，顿时感到无地自容。“不，我们没忘，”

贝茜回答说，“不过我们觉得今天这种方式更好。”

“可这样的话，伊莱亚斯该感谢谁呢？”莫莉问。

“这不要紧的。”贝茜说，她的心里也的的确确是这样想的。她甚至想都没想就将这句话说出来了。在她和星星之间，隔着暗蓝色、柔软的天空。她仿佛又看见了那个脏乱的小屋和那个孤独、睡熟的男孩，还有从他瘦骨嶙峋的小手里滑落的那一片干面包。

贝茜凝视着眼前这如画的夜景，时不时地，看到一颗流星划过天空。她翻过身，把脸埋在岩石上。“哦，上天保佑，求求你，求求你，求求你，一定要让庞德先生收养伊莱亚斯。”

◆

第9章

新衣服被继父“喝掉”了

◆

女孩们第二天一大早就来到了学校，想早点儿看见穿上了新衣服的伊莱亚斯。到底是谁缝制了新衣这个秘密，她们也乐于保守。当看到大路上出现了伊莱亚斯那瘦小的身影时，女孩们都感到非常兴奋。他穿着灰色裤子和蓝色衬衫，不过裤子有点儿长，衬衣倒是非常合身。伊莱亚斯步履轻盈地走到操场，脚上穿的正是那双合脚的新鞋。女孩们看着他，脸上露出自豪的笑容。之前，伊莱亚斯一直都穿着一双破烂的女鞋过的冬。从远处看，伊莱亚斯简直像换了一个人似的。可是，当他走近以后……哦，他的脸，他的头发，他的手，还有他的指甲！这个小家伙显然为了配得上这身美丽的新打扮，将头发马虎地往后梳了梳，露出了脸，嘴唇和鼻子周围有一块还算干净的皮肤，看来他尝试着洗过脸了。可是，他并没有留意到脸上其他地方已经结了壳的污垢。女孩们满怀同情地看着他，庞德先生肯定不乐意收养这么邋遢的孩子。他身上的那套干净整洁的新衣服和他形成了鲜明的对比，显得他更糟糕了，看上去像是故意而为之！

女孩们退到石头堆旁，开始说起她们的失落。拉尔夫和其他男孩在女孩们身边正忙着玩弹球。伊莱亚斯迈着自豪的步子，跨进教室，想让本顿小姐看看自己的新衣服。

还有一天就是阵亡将士纪念日了，学生们花了很长时间准备诗歌朗诵的节目。他们要到镇上的纪念日演练活动中参加朗诵比赛。这个辖区里的每一所学校都有几名学生会到市政厅去表演。贝茜打算朗诵自己最爱的芭芭拉·弗里彻的诗。来到这所学校以后，这是她喜欢上的第一首诗。不过，今天她只是机械地背诵着，完全没有了往日的欢快。她的视线停留在伊莱亚斯的笑脸上，而伊莱亚斯完全没意识到自己是如此邋遢。

中午的时候，男孩都到水潭里游泳去了。他们习惯中午游泳，也没有人觉得他们这么做会有什么不妥。女孩们则在石头堆旁吃着午饭，一边为计划失败而感到惋惜，一边又重新盘算着新的计划。斯泰西建议道：“能不能让你阿比盖尔姨婆请伊莱亚斯到你家做客，然后帮他洗个澡？”但是，贝茜从没有听说过请吃完晚饭的客人洗澡这种事，所以她很肯定这个建议是行不通的。她悲哀地摇摇头，望着远处水潭边男孩们跳水时激起的白色浪花。其实，说那是水潭也不太合适，因为只有一小片水域深到可以在里面游泳。它比较接近于河的支流形成的浅滩，里面的水只能没到男孩的膝盖处，而且水面平静，没有激流。太阳将水晒得暖暖的，甚至连一年级孩子的母亲也允许他们在这里游泳。尽管他们只是爬上跳下，嬉笑打闹，相互泼水，但是也乐在其中。比如，两个七年级的男孩，弗兰克和哈里，喜欢从跳台上跳入水潭里。那天下午，男孩们从水潭里出来的时间已经很晚了。本顿小姐只得使劲地摇她的铃铛，他们才加快步伐，吵吵闹闹地回到教室里。女孩们早就坐好了，眼睛看着课本的同时显露出一股优越感。她们从来没有迟到过！

贝茜正在背诵乘法表。她已经因为算术不好而变得出名了。几周前，本顿小姐发觉贝茜根本没有掌握到算术的要领之后，两人就开始着力解决这个问题。为了让贝茜免于他人打扰，本顿小姐让贝茜一个人背诵乘法表。她们复习着最基础的知识，这些知识贝茜几乎都知道，比如“2×2”和“3×3”。然后，她们谨慎小心地进入下一级，一旦贝茜拿不准，又要开始靠看老师的表情猜答案的时候，本顿小姐就会立马叫停。

坚持这样学习一段时间后，对贝茜来说，曾经暗如黑夜的算术，她总算摸出些门道了，她再也不用靠猜老师的表情就能确定答案了。从那时起，她突然进步神速，掌握的知识层层递进。凭借极大的热情和自信，她可以攻克下一整页的算数题。

也就是在这一天，贝茜站在黑板前，手里拿着半截粉笔，咬着嘴唇，想要算出来一间十二平方米的屋子，减去两扇窗户和两扇门所占的面积之后，到底需要多少张墙纸。突然，她的眼光落到了伊莱亚斯的身上，他正埋头读着课文。贝茜竟忘记了做算数题，忘记自己身在何处。她专注地看着伊莱亚斯，以至于埃伦也顺着贝茜注视的方向望去。伊莱亚斯变干净了。他的脸洁净而闪亮，耳朵白里透红，双手没有一丝污渍，甚至连他那枯黄杂乱的头发也变干净了，还一直滴着水呢。在阳光的映衬下，他的头发闪闪发光。贝茜不停地眨着眼，心想自己一定是在做梦吧，可是只要她一睁开眼睛，她就看到白皙光洁的伊莱亚斯，如同刚刚打磨抛光制作出来的一根新柳笛。

突然，有人猛戳了一下贝茜的肋骨。她转过身看到是拉尔夫。他也正在黑板上做算术题，浓眉下的眼睛正生气地盯着她。“别再盯着伊莱亚斯看了，”拉尔夫压低声音小声说道，“你真烦人！”然而，拉尔夫蛮横的语气中却透露着一丝善意和羞涩。贝茜马上就反应过来到底发生了什么。拉尔夫一定是拉着伊莱亚斯跑到他们戏水的地方，给他彻彻底底地洗了个澡。贝茜还想起那里有一块黄色的肥皂。

贝茜露出了灿烂的笑容，开始称赞拉尔夫的善行。不过，拉尔夫又皱了皱眉，严肃地说：“啊，打住吧。看看你都写了些什么呀。如果我连‘9×8’都算不对……”

“男孩可真奇怪！”贝茜边琢磨着边擦掉错误答案，写下了正确答案。但是，她没有再和拉尔夫谈论伊莱亚斯的事，即使是在放学以后，贝茜认出伊莱亚斯头上戴着的新帽子是拉尔夫的，她也没有再提起过。贝茜盯着拉尔夫的光头，眼睛里露出善意的笑意，而脸上的其他部位则保持严肃，和安姨妈一模一样。有那么一刻，拉尔夫差点儿也报以微笑了，而且他看起来比之前友善多了。他们结伴回家，这还是拉尔夫第一次和一个女孩结伴而行。

“家里新买了一匹小马驹！”拉尔夫说。

“是吗？”贝茜说，“什么颜色的？”

“黑色的，身上有些白色的斑点。爸妈说，等小马驹长大了，我就可以骑他了。”

“哦，听上去真不错！”贝茜说。

他们脑海里都想着伊莱亚斯穿新衣服的样子，清瘦的脸庞洗得干干净净，笑起来甜甜的，在阳光下仿佛闪着光。

“你喜欢吃泡泡糖吗？”拉尔夫问道。

“哦，我爱死泡泡糖了！”贝茜答道。

“那好，如果我没忘，明天就给你拿一块儿。”拉尔夫说完，拐到了十字路口的另一侧离开了。

从始至终，他们俩都没有提到伊莱亚斯。

第二天，他们只是上午有课。下午，他们会坐拉干草的马车到小镇市政厅先去参加彩排。伊莱亚斯穿着他那件新的蓝色斜纹哔叽布裤子和白衬衫来到学校。女孩们对伊莱亚斯的穿着打扮非常满意，围着他看了又看。因为今天上午来“参观学校”的不是别人，正是庞德先生本人！这都是安姨妈安排好的。安姨妈摆平了所有的事。课间休息时，孩子们在操场上玩“一二三，不许动”的游戏。庞德先生和亨利姨姥爷驾车来到操场边上，他们勒住马，有说有笑地看着孩子们玩耍。贝茜仔细观察着这个身材高大、面相和善的男人。他有着一双会笑的眼睛和爽朗的笑声。贝茜觉得庞德先生肯定会善待伊莱亚斯的。不过，贝茜的结论这时已经不重要了。事实上，庞德先生根本就没有下车，而是要直接赶到村子里去。就这样，他匆匆地看了一眼表，并没有向其他人解释什么。不，他说了觉得自己早上时间不够用。贝茜急切地看着亨利姨姥爷的脸，可他也一副爱莫能助的表情。哦，要是安姨妈来了就好了！她肯定会用极快的速度拉着庞德先生走进学校。但是，亨利姨姥爷毕竟不是安姨妈。贝茜只能眼睁睁地看着他们骑着马离开。不过，亨利姨姥爷还是把神采奕奕的伊莱亚斯指给庞德先生看了，可他却只是点了点头，一副心不在焉、心事重重的样子。

贝茜差点儿失望得哭出来。不过，她和其他女孩马上聚到一起，相互安慰说她们还有机会。庞德先生明天才会离开，也许还有希望。

不过那天下午，这仅存的一丝希望也彻底破灭了。当孩子们在教室里集合时，女孩们穿着干净的裙子，头上扎着头绳，红的、蓝的，个个神清气爽，精神抖擞；男孩们则身着深色的小西服，衣领干净整洁，戴着新帽子（除了拉尔夫），脚蹬黑皮鞋。可是，伊莱亚斯没有出现！他们等啊等，始终不见他的踪影。最后，本打算拉着稻草进城，顺便送他们的亨利姨姥爷看了看表，拉了拉缰绳，说他们要是再不走，就会迟到，也许伊莱亚斯可以搭其他人的马车到小镇的市政厅去。

孩子们全都上了马车后，马迈开步子，车轮碾过路上的石子。就在这时，校舍后面突然传来一阵痛哭声。孩子们翻身下车，往回跑，和刚才挤上车时的动作一样敏捷神速。贝茜和拉尔夫跑在最前面。躲在柴火棚的人正是伊莱亚斯，他蜷缩在堆在角落里的一堆木材后面，一边哭一边用拳头抹着眼睛，满脸都是眼泪和污垢。他又穿上了那身破破烂烂、脏兮兮的衣服。他那双干净的小脚在昏暗的柴火棚里显得格外刺眼。

"发生了什么事？"孩子们异口同声地问道。伊莱亚斯一下扑到拉尔夫身上，把脸埋进拉尔夫的外套里，悲惨地哭诉着只有拉尔夫才能听得清楚的一些支离破碎的事情经过。接下来，灾难的最后高潮到来了，亨利姨姥爷和庞德先生越过孩子们的肩头朝这边看了过来！现在的伊莱亚斯又变回又脏又破的样子了。贝茜重重地跌坐到一堆木头上，沮丧到了极点。他们的努力又有什么用呢?

"发生了什么事？"两个大人同时问道。

拉尔夫转过身，愤怒地摇晃着他那黝黑的脑门，隔着这群孩子，十分气愤地说：“伊莱亚斯才刚刚拥有几件得体的衣服。这还是他头一次有这么得体的衣服！他原本打算和我们一起到市政厅参加表演的。他那老醉鬼继父把衣服全都抢走了，全部卖掉，换成了威士忌。我真想杀了他！”

贝茜真想张开双臂拥抱拉尔夫，因为拉尔夫的想法和她的一样。这时，贝茜发现拉尔夫眼中迸射出愤怒的火花，这股愤怒也感染了庞德先生。他方方正正的脸上此刻也变得严肃和愤怒起来。她看见庞德先生向前迈开步子，穿过孩子们，那场景好像巨人正走过矮人国一样。她又看到他俯下身，用强壮的胳膊抱起伊莱亚斯，紧紧地抱着，大步流星地走出柴火棚，穿过操场，向不远处的四轮马车走去。

“他会去参加彩排的！”庞德先生头也不回地大声吼道，“他会的，就是跑遍整个镇子，我也要给这孩子买一身新衣服。那个继父别想再抢走这些新衣服，或者——你们看我的吧！”

庞德先生跳上马车，把伊莱亚斯搁在腿上，抖起缰绳，赶着马车，快速地离开了。

孩子们再次看到伊莱亚斯的时候，他正紧紧地攥着庞德先生的手，走进市政厅。他看起来很棒，身上穿着刚从商店里买来的套装、白色的袜子和整洁的矮帮鞋，简直就像一个城里的孩子。

过了一会儿，伊莱亚斯走上舞台，朗诵了一首爱国诗。他朗诵的时候，眼睛里闪烁着星辰般的光芒，凝视着观众里那张方正宽阔的笑脸。当他朗诵完毕，观众对他报以热烈掌声的时候，他不禁有些害羞，一时竟忘了从舞台上下来。他低下头，眼睛却悄悄看着观众，露出腼腆害羞的笑容。贝茜看见庞德先生脸上的笑容变得有些迟疑，眼神也黯淡下来。他眼睛里充满了泪水，以至于他不得不掏出手绢，假装大声擤着鼻涕。

孩子们再一次也是最后一次看见伊莱亚斯时，他正坐在庞德先生的马车上。庞德先生一只手熟练地拉着缰绳，架着马车从他们坐的那辆慢悠悠的拉草马车旁疾驰而过。伊莱亚斯则紧紧地挨在他的身旁坐着，旁边摆满了各种各样的玩具，简直就像是过圣诞节一样！孩子们匆匆地瞅了一眼飞驰而过的马车，看见那些玩具中有小火车、呢绒狗、糖果盒、一大堆图画书、陀螺、纸袋以及一个大型玩具挖泥车的吊架。这个吊架特别贵，一度被大家认定根本就卖不出去。

庞德先生的马车从身边经过时，伊莱亚斯看向他们并挥了挥他的一只手。他的另一只手依然紧紧地攥着庞德先生的大手。庞德先生则冲着孩子们笑了笑，目光坚定而有神。马车驶过之后，伊莱亚斯扭过头，大声愉快地对他们喊道："再见！我将要搬过去和……"接下来说的是什么，孩子们就听不见了。伊莱亚斯离开了，他的那只小手从四轮马车的后座上伸出来，还在向他们挥动着。

贝茜深深地吸了一口气，她发现拉尔夫正注视着她。有那么一会儿，她想不明白是什么让拉尔夫看起来与往日不同。接着，她发现拉尔夫笑了。以前，她从来没有看见他笑过。拉尔夫冲着贝茜笑，好像他确定贝茜一定明白他为什么笑似的。不过，他依然没有说话。贝茜望了望远方，那架若隐若现的四轮马车早已消失得无影无踪。之后，她也默默地冲着拉尔夫笑了笑。

所有的事情都没按贝茜设想的那样发展——不，一样都没有。不过，贝茜却从来没有如此开心过。

第10章

贝茜过生日

贝茜的生日在九月九日，九月八日至九月十二日恰巧也是一年一度的纳克隆赛特山谷大型集市开市的日子。于是，全家决定让贝茜到伍德福德去庆祝生日，正好可以去集市热闹一下。帕特尼一家今年没时间去，不过他们的邻居温德尔一家说他们要驾马车去赶集，可以顺便捎上两个女孩。当然了，莫莉也要去。事实上，她还说，她也要到集市去庆祝自己七岁的生日。不过，十月十七日才是她的生日。莫莉坚持说十月十七日和九月九日没差多少天，她可以和贝茜一起庆祝生日。莫莉的话差点儿使贝茜笑出声来，但是当她观察到帕特尼一家只是相互看了看，嘴角微微向上抽动了一下时，贝茜便明白了他们怕哈哈大笑也许会伤害到莫莉的感情。于是，贝茜便也试着抿住她那小小的嘴唇，无声地笑了笑。

而且，尽管贝茜自己也不清楚为什么，但为了不让莫莉受到伤害而做的努力，使她心里突然燃起了一股对莫莉温柔的爱意。她走向前给莫莉一个大大的拥抱，由于用力过猛，两人一下没站稳，倒在了沙发上，压到了谢普的身上。谢普惊醒过来，鼻子里发出哼的一声，挣扎着从她们的身下钻出来，然后站在一旁摇晃着尾巴，眼带笑意地看着两个女孩在沙发的枕头上咯咯地笑着。

“你准备穿什么衣服去赶集，贝茜？”安姨妈问道，“我们也得想想给莫莉穿什么衣服去。”

安姨妈的话使她们俩立刻停止了嬉笑，开始认真思考该怎么梳妆打扮这个严肃的问题。

最后，这个重要的日子终于来临了。那辆四轮马车慢悠悠地走出温德尔家的大门。贝茜身穿自己帮着安姨妈做的那件粉白相间的方格斜纹棉布裙子，莫莉则穿着一件白色棉布条纹小裙子，看上去可爱极了。这条裙子原本是贝茜的，把裙子的下摆缝成好看的褶边后，莫莉穿着大小正合适。因为今天是贝茜的生日，她就和温德尔先生一起坐到驾驶座上，当马路上马车不多的时候，贝茜还会独自驾一会儿马车。温德尔太太和她的妹妹紧挨着坐在后座上，填满了后座的位置，莫莉则兴高采烈、舒舒服服地坐在她们柔软的腿上。莫莉兴奋得两眼发亮，小脸也因为激动而变得红扑扑的。贝茜不时地回头瞧一瞧莫莉，心想她可真漂亮。当然啦，她一点儿都不知道自己看起来怎么样，因为帕特尼农场的镜子又小又挂得那么高，而且由于过于老旧，镜子上面还生了一层绿铜。因此，镜子里的人看起来脸色总是怪怪的。她照镜子只能大致看看头发梳光滑了没有，除此以外也看不出什么了。

第二天上午晚些时候，当贝茜和莫莉手拉着手走进那个奇妙的“工业厅”的时候，她们看到如水般明净的穿衣镜里莫莉的样子，不禁大吃一惊。贝茜惊讶于镜子里小女孩的影像是如此清晰，那金色的鬈发、白里透红的脸蛋和水汪汪的蓝眼睛都被看得一清二楚。贝茜在镜子里还看到了另一个年龄稍大的女孩，她就站在莫莉的身旁，有着乌黑的眼睛、红润的脸颊、健壮的体格，以及结实的、站得笔直的双腿。她将自己的头抬高，看到那女孩被晒成棕黑色的脸上，一双眼睛炯炯有神地注视着前方。贝茜凝视着那双清澈的眼睛，然后……哦，老天爷！她正在看的人不就是她自己吗！她的变化可真大呀！这跟上一次在大镜子里看到的那个自己真是天差地别。她清楚地记得，那次跟弗朗西斯姑妈到百货商店买东西，那时镜中的自己是一个苍白虚弱的小女孩，脖子瘦削，细长的小腿被弗朗西斯姑妈的裙子遮住了一多半。但是，眼前镜子里的这个紧握着莫莉的手、棕色皮肤的健壮女孩，与百货公司镜子里那个女孩甚至都看不出来是同一个人。

这个念头在贝茜的脑海中来得快去得也快，因为莫莉看到下一段走廊里有一个大洋娃娃，她们赶紧跑过去看它的衣服。这是她们第一次到乡下的集市玩。集市里有许许多多视觉、听觉和味觉的冲击，让她们兴奋不已。她们早就把在镜子里看到的一切忘掉了。

两个女孩可以一直随心所欲地逛到中午，到时候再到“工业厅”外的阴凉处和温德尔一家人会合，一起吃午餐。贝茜、莫莉跟温德尔一家人是分头从两个方向开始逛集市的，所以他们看到的是集市不同的景象。孩子们满眼都是旋转木马以及那些卖气球的、卖玩具的、卖爆米花的货摊，而温德尔一家人则十分关注猪腿的长短、牛背的肥瘦、羊毛的厚薄等问题。温德尔一家人还意外地遇到了他们的表亲，他们打算跟温德尔一家人一起回家。那些表亲并不认识贝茜和莫莉这两个女孩。

“如果你不介意的话，”温德尔太太问贝茜，“你和莫莉想不想跟沃恩一家一起回家？他们家的马车比我们的要宽敞得多。你们可以跟沃恩家的孩子一起坐在车厢里。”

贝茜和莫莉觉得这一定很好玩，便愉快地答应了。

“这可太好了！”温德尔太太说。然后，她向一个站在一楼窗户边的年轻人打了个招呼并问道：“哦，弗兰克，今天下午沃恩会到你的摊子来，对吧？”

“是的，夫人。”年轻人回答说，“他会在两点到四点之间过来。”

“哦，麻烦你转告他，帕特尼农场的两个小女孩要跟他们一起回家，好吗？她们可以跟他们家的孩子们一起坐在车厢里。”

“好的，夫人。”年轻人应付地说道，他对贝茜和莫莉怎么回家根本就不在乎。

“那好，贝茜。”温德尔太太说，“你两点的时候到这个货摊上来，问问威尔·沃恩一家人什么时候回家，以及他们的马车停在哪里，你可千万别让他们等太长时间啊！”

“不，我不会的。”贝茜说，“我会准时到这里的。”

贝茜和莫莉一共带了四十美分，其中的二十五美分是她们摘浆果挣的工钱，另外的十五美分是亨利姨姥爷给她们的礼物。她们已经花掉了一半，还剩下二十美分。她们把头凑到一起，商量着怎么花掉这剩下的四个五美分硬币。安姨妈并没有限制她们该买什么不该买什么，她说，除了粉色的柠檬水，她们可以买其他任何乱七八糟的小玩意。因为安姨妈听说，那些小贩用那种柠檬水洗杯子、洗手，甚至用它洗脸。贝茜想用剩下的钱去坐旋转木马，可是莫莉却想买一只红色的大气球。当她俩买气球的时候，一个人拿着一些玩具狗走了过来，那些小狗是棕色的，长着卷卷的尾巴。那人大声叫着只要扯一下玩具狗的尾巴，它就会叫个不停。看到贝茜她们专注地盯着自己手中的玩具狗，他便扯了一下狗的尾巴。于是，玩具狗叫唤了几声，这声音跟谢普的尾巴让人给踩了差不多。贝茜买了一个。玩具狗被完好地包装起来，躺在系着蓝色的绳子的盒子里。贝茜觉得自己很会买东西，只花了五美分，就买到一只会叫的玩具狗。可是后来，贝茜和莫莉解开绳子，想打开盒子看看玩具狗时，却发现玩具狗躺在盒底，一条腿已经断了，而且不管她们怎么拉玩具狗的尾巴，它连最细小的声音都发不出来。不过，集市上发生这样的事情十分正常，完全在意料之中。

现在，她们还剩十美分，于是决定每人坐一次旋转木马。但是，贝茜抬起头瞥了一眼“农业厅”塔楼上的钟，这时已经两点半了，于是她决定马上回到货摊，去找威尔·沃恩，商量一下几点回家。贝茜毫不费力地就回到了约定的地点，可威尔·沃恩根本就不在那里。以前站在那里的那个年轻人也不见了，取而代之的是一个陌生人，正心不在焉地吹着口哨。那人穿着白袜子、黄色的鞋子、带条纹翻边的裤子。面对贝茜的询问，那人说道：“沃恩？威尔·沃恩？我从没听说过他。”说完，他又吹起了口哨，眼睛掠过女孩头顶上方，上下打量着前面的走廊。听到这个答案，两个女孩茫然无措地盯着他看。这时，旁边货摊的一个老人插话进来说：“威尔·沃恩？希尔斯伯勒的威尔·沃恩？哦，我听人说，沃恩一家已经赶回去了，他家的一头牛病得非常厉害。”

贝茜立刻从错愕中回过神儿来，她连忙抓起莫莉的手。“抓紧！快！我们必须赶在温德尔一家人出发前找到他们。”慌乱不安中，贝茜竟然忘了莫莉极容易受到伤害。她的惊慌失措让莫莉惊恐不已。“哦，贝茜，贝茜！我们该怎么办？”当贝茜拉着莫莉的手穿过门廊，走到门外的时候，她惊恐地尖叫道。

“温德尔一家人不可能已经离开了！”贝茜说，尽管她根本没法证实自己的话。由于莫莉还小，腿还不够长，所以贝茜只能拉着她尽可能快地跑向温德尔一家人可能拴马和停放四轮马车的马棚前。可马棚空空如也，什么也没有。

贝茜突然停住脚步，站在那里发呆。她的心好像已经跳到了嗓子眼上，她开始感到呼吸困难。毕竟，那天她才刚满十周岁。莫莉开始号啕大哭，还把脸埋进了贝茜的裙子里。“我们该怎么办呀，贝茜？我们该怎么办呀？”她痛哭道。

贝茜一言不发，她也不知道该怎么办。这里离帕特尼农场有八英里远，对莫莉来说，太远了，肯定走不回去的，况且她们根本就不认识回去的路。现在，她们只剩下十美分了，连吃的东西都没有。而且在这群陌生人中，她们唯一认识的那家人也已经赶回希尔斯伯勒了。

“我们该怎么办，贝茜？”莫莉还在哭。贝茜的沉默使她更害怕了，她已经变得除了问“怎么办”以外，别的都不会做了。

贝茜的头有些晕。她一边回想着自己当初是怎么把莫莉从狼坑里救出来的，一边绝望而拼命地问自己：“安姨妈要是在这里，她会怎么做呢？”但是，这种方法此刻也起不到什么作用，因为她无法想象在这么糟糕的情况下，安姨妈会怎么做。不过，安姨妈肯定会做一件事情，那就是想办法先让莫莉平静下来。

于是，贝茜蹲下来，抱起惊慌失措的小女孩，坐到地上，并让她坐在自己的腿上，帮她擦掉脸上的眼泪。“好了，莫莉，别哭了。我当然会照顾好你的。我一定会把你带回家的。”

“那你想怎么办呢？”莫莉抽噎着说，“他们都走了，把我们扔在这里。我们又不可能走回去！”

“怎么回去你就不用操心了。”贝茜故作神秘地说，不过她的嘴唇却有一点儿发颤，“我会给你一个惊喜的。你就耐心地等着吧！现在，我们先回那个货摊那儿。或许威尔·沃恩一家人还没有回去呢！”

其实，贝茜心里并不是这么想的。她之所以想回到那里，只是因为相比这个凄凉的野外，她们更熟悉那里，也觉得从那里或许能得到别人的帮助。这个原本热闹欢快的集市现在看起来却是这样的喧闹恐怖。那些熙熙攘攘的路人都自顾自地前行，他们连看一眼这两个孤独可怜、回不了家的女孩的兴趣都没有。

贝茜她们又重新找到那个穿得很闪亮的年轻人，但他不是很友好。他停下口哨，只说了一句话：“不知道，这里根本就没有什么威尔·沃恩。”

“我们本来要搭沃恩一家的马车回家的。”贝茜小声咕哝道，希望他能够帮助她们。

“那你们可以坐火车回去啊。”年轻人心不在焉地说道。然后，他用手理了理自己的黑头发，把它们别到耳后，视线掠过女孩们的头顶朝前方望去。

“坐火车到希尔斯伯勒要花多少钱呀？”贝茜问道，心里隐约觉得情况不乐观。

“你们去问问别人吧。”年轻人说，“我并不了解这里的情况，毕竟我头一次来这里。”他的口气听起来似乎很为这点感到骄傲。

于是，贝茜转身又来到旁边货摊上，向曾经跟她们提起过沃恩的那个老人求救。

现在，贝茜跟大人们说话的时候，已经很平静了。莫莉的情绪也受到她的传染，平静地跟在她的身后。他们之间在说什么，莫莉没有听清，而且她也不想听。现在，贝茜又能像往常一样说话了，这使莫莉安心不少，不再害怕。贝茜肯定会想出办法的。莫莉又听见贝茜在与另外一个人谈论着什么，不过她的注意力却被玻璃柜台里各式各样的果冻吸引住了，根本没心思听贝茜在和那个人说什么。之后，贝茜带着莫莉再一次走出了那座楼的出口。在这阳光明媚的九月里，人们肩并肩走在一起，络绎不绝，有的人卖力地吹着号角，有的人手里晃着明晃晃的纸片，有的人用孔雀羽毛来回比画着，有的人一只手里捧着一个纸袋，另一只手从中抓出爆米花和糖果吃。

这启发了莫莉，使她想起那仅剩的十美分。“哦，贝茜！”她说，“咱们用五美分来买一袋爆米花吃吧！”

贝茜听到这句话，手不由得攥了攥钱包。她用颤抖的声音回答道：“不，不行，莫莉。我们得省着花每一分钱。我已经打听清楚了，如果我们坐火车回希尔斯伯勒的话，我们需要花三十美分来买车票。最后一班车的发车时间是六点。”

“可是我们只剩下十美分了呀！”莫莉说。

贝茜盯着莫莉出了一会儿神，然后她突然说道：“我要找份工作，把不够的车票钱赚出来！不管遇到什么事，我都要赚出来！我必须这么做，没有别的办法了。”

“好吧！”莫莉说，但她并没有理解贝茜话里的真实含义，“只要你下定决心去做，你就一定能做成。我在这里等你。”

“不，这可不行！”贝茜说，她已经受够了在人群里找人的感受，“不，不行。你时时刻刻都得紧紧地跟着我！我不想让你离开我的视线！”

她们俩开始往前走。贝茜不停地看向四周，视线从一个地方移到另外一个地方。一个只有十岁的女孩怎么才能在乡村集市上赚到钱呢？她特别害怕上前跟陌生人说话，可是不去问别人，她又怎么能开始赚钱呢？

“这儿，莫莉，你在这儿等一下！”贝茜说，“在我回来之前，你一动也不要动。”

但是，莫莉只在那里等了一小会儿，因为当贝茜很不好意思地提出她的请求时，卖柠檬水的那个人只是一个劲儿地盯着她看。“上天啊，不行！”他最后不耐烦地说道，“你这么小能帮我干什么啊？”

两个女孩只能继续往前走。莫莉平静地期待着贝茜想出办法来，可贝茜却感到口干舌燥，精疲力竭。她们经过一个大货棚的时候，看到招牌上面写着两行大字：

伍德福德妇女救助会提供热鸡肉饭

三十美分一份

当然，这个招牌上的信息并不准确，因为在三点半的时候，鸡肉饭就已经卖光了。在货摊里，几个神情十分疲惫的妇女正缓慢地拖着步子走来走去，另外几个妇女则无精打采地站在一张大桌子前，桌子上摆着一大堆用过没洗的盘子。贝茜停下脚步，思量了一下，然后鼓足勇气，匆匆走了过去。

一个有着银灰色头发的妇女低头看了一眼贝茜，有些不耐烦地说道：“饭都卖完了。”

“我不是来吃饭的，”贝茜说着使劲咽了咽口水，“我是想问问你们需不需要找个人洗盘子，我只要二十五美分就可以帮你们把盘子洗干净。”

那女人笑了起来，仔细打量了一下贝茜，又看了看那一大堆充满油渍的盘子，转过身说道："哦，孩子，即便你从现在开始洗，就是洗到明天早上，恐怕你也洗不完这些盘子。"

贝茜听见她对另外一个女人说："有个小孩想赚钱去看杂技表演。"

这次，贝茜又需要想一想安姨妈会怎么做了。即便感情受到了伤害，安姨妈也不会丧失信心，更不容许自己流下不争气的眼泪。所以，贝茜也努力地使自己不要这样做。而且，安姨妈绝对不会一遇到挫折就想着放弃，而是会去想另一个办法的。于是，贝茜挺直了自己的腰板，然后拉起莫莉的手，继续往前走。贝茜的内心很痛苦，脸色也有些苍白，不过表面上却表现得非常坚强沉着。

贝茜和莫莉又在熙来攘往的人群中继续前行。莫莉指着年轻人之间的各种恶作剧和嬉闹哈哈大笑。贝茜却对那些人视而不见。现在已经四点了，再过两小时开往希尔斯伯勒的末班车就要出发了。她停下脚步，调整了一下呼吸。虽然她们走得很慢，可她还是觉得呼吸不畅，胸口很闷。她不停地想，真不知道世界上会有哪个女孩的生日会比她过得还糟糕！

"哦，丹，我也希望能和你一起去啊，"贝茜身边的一个年轻女孩说道，"可是，实话实说，我只要一离开货摊，哪怕只有一分钟，我妈妈肯定也会把我生吞活剥了！"

贝茜迅速转过身。她看见一个金发碧眼的漂亮女孩正靠在一个铺着帆布的小摊边上，小摊的招牌上写着：

秘制甜甜圈和饮料大减价

一个年轻的小伙子正扯着那女孩的蓝色方格纹棉布裙子的袖子，表情有些亢奋。“哦，来吧，安妮，就跳一会儿！舞厅的地板可真不错！你可以从舞厅那里留意你的摊位呀！再说这些破玩意根本就不会有人偷！”

“说实话，我真的很想去！可是我还有一大堆盘子要洗！你知道我妈妈的脾气。”女孩说着向往地看了看那个露天的舞池，那里正传来一阵阵响亮的音乐声。

“哦，求求你！”贝茜捅了捅女孩的胳膊肘，用细小的声音请求道，“你只需要给我二十美分，我就帮你把盘子洗了。”

“你替我做什么，小孩？”女孩有些惊讶地问道。

“什么都可以，”贝茜说，“什么都行。洗盘子，看摊子。你可以去跳舞！给我二十美分的报酬就行。”

那个女孩和那个小伙子饶有兴趣地相互看了一眼对方。“哦，我们岂不是又有希望了？”小伙子说，“你也就只有茶杯那么大，是不是？”他接着问贝茜。

贝茜的脸顿时涨红了，但是她勇敢地凝视着那双有些嘲弄意味的眼睛。“我今天已经十岁了。”她说，“我可以和别人一样，把盘子洗得干干净净。”说这话的时候，贝茜表现得很平静。

那个小伙子爆发出一阵炽烈的笑声。

“好孩子！”小伙子对那个女孩说，“我说，安妮，为什么要拒绝她呢？你妈妈要一小时以后才回来。这个女孩可以帮你看摊儿，不让别人拿走你的东西，而且——”

“我还可以把盘子洗了。”贝茜又重复了一遍自己刚才的话。面对小伙子的嘲讽，她努力装出一副心平气和的样子。她要把自己的目标紧紧地锁定在回希尔斯伯勒的车票上。

“好啊，好啊，”小伙子笑着说道，“我们的机会来了，安妮，去舞会吧！抓紧时间！”

那个女孩情绪亢奋地笑出声来。“妈妈会不会被气疯呢？”她说道，“不过她永远也不会知道这件事的。来吧，可爱的孩子，这是我的围裙。”她解下长长的围裙，然后把它系在贝茜的脖子上。“这是肥皂，那边是桌子。洗完盘子以后，把它们摞着码到那个柜台上。”一瞬间，贝茜就从柜台下的小门里钻了进来。她冲着莫莉比画了一个手势，让她也进来。“你好啊，这里还有一个小孩！”那小伙子愉快地说道，“你好，小纽扣！你准备做点儿什么？我猜要是有人想来偷东西的时候，你就会跑过去，冲他们汪汪大叫，把他们赶跑吧！”

莫莉瞪着她那双可爱的蓝眼睛，一个字也没听懂。那个女孩笑起来，弯下腰，亲了亲莫莉，然后跟那个小伙子肩并肩朝舞厅跑去了。

贝茜拿起肥皂，高高兴兴地洗起盘子来。她从没想过自己会喜欢上刷盘子，不过现在她的确如此。她整个人都轻松起来，简直想亲一亲这些粗糙的厚盘子和玻璃杯。

“没事了，莫莉，这下没事了！”贝茜转过头对莫莉说。但是，莫莉从来就没感到过有什么可担心的，因为她觉得贝茜掌控着所有的事情。听到贝茜这么说，她只是点了点头，然后问贝茜自己可不可以坐到水桶上，好看清楚周围的人和事。

“我想是可以的，为什么不行呢？”贝茜说。她抱起莫莉，把她放到水桶上，然后重新回去洗盘子。她从来没有洗得这么干净过！

“请给我两个甜甜圈。”贝茜的身后响起了一个男人的声音。

哦，天哪，居然有人要买东西！她该怎么办？她转过身，来到柜台前，解释说摊主不在，她不知道……不过那个男子放下一枚五美分的硬币，拿起两个甜甜圈，然后转身走了。贝茜紧张地看了看用来做炸甜甜圈的那口大锅，发现那上面挂着一个牌子，写着：

五美分两个甜甜圈

于是，贝茜把那枚五美分的硬币放到一个架子上，然后回过身，继续洗她的盘子。看来卖东西也不是一件难事。

刚才心里那些绝望的想法现在已经消失了，贝茜开始享受新环境里的乐趣。这时，一位妇女领着两个男孩走了过来，贝茜急忙转身，煞有其事地来到柜台前。“五美分两个。”贝茜用一种生意人的口吻说道。那位妇女拿起四个甜甜圈，放下手中的十美分，然后将甜甜圈给她的儿子们一人分了一个，转身离开了。

“哦！”莫莉用充满崇拜的眼神看着贝茜，她十分敬佩贝茜在做生意的时候能够冷静沉着地应对。贝茜又高高兴兴地转过身洗盘子去了。

“哦，贝茜，快看哪！好大的牛啊！”莫莉突然嚷了起来。她坐在水桶上，占据有利地形，将货摊之间草坪上的动静看得一清二楚。

贝茜扭过头，伸长脖子，朝外面看了一眼，然后又继续专心地洗着盘子，并把它们擦干。抽奖活动的奖品被拉出来在那里展示着：头等奖是一头公牛，牛的角闪闪发光，上面系着蓝色的玫瑰花结；母牛的脖子上戴着花环；几匹有着像绸子一样平滑而又有光泽的皮毛的马，正弯着强壮的脖颈，怡然自得地溜达着，鬃毛和尾巴上还系着明亮的缎带。

“哦，贝茜，快看那头猪！”莫莉说。几只个头小一点儿的动物也被拉出来展示——羊、牛犊、马驹以及几头猪崽，它们也神气活现地走来走去。

贝茜扭过头，努力朝那个方向看着。许多年以后，每当她闭上眼睛，她的脑海里都会浮现出，在九月的金色阳光照耀之下，这个乡下集市上发生的所有事情。

不过，贝茜又着急地看了看表。现在已经快五点了，那个女孩是不是忘记了时间，要一直跳到舞会结束？

“两瓶姜汁汽水，半打甜甜圈。”一位男人说道，身旁站着一位女士和三个孩子。

贝茜急忙来到柜台前，在一大堆瓶子里翻来找去，最后终于找到了两瓶姜汁汽水。她盯着瓶子上带波纹的铁盖苦苦思索，怎样做才能打开瓶盖呢？

“起子在这里。”那个男人说道，“你是在找起子吗？麻烦你把瓶子扶住，我来开。我们有点儿着急，得赶火车。”

“好啊，你们可不是唯一要赶火车的人。”贝茜悲哀地想着。他们大口大口地喝完姜汁汽水，然后啃着甜甜圈就急匆匆地走了。贝茜眼巴巴地盼着那个女孩能赶紧回来。她现在几乎可以断定那个女孩肯定是把时间给忘了，肯定会一直跳到太阳下山才回来。但是，就在这时，那个女孩跑回来了。她整整跳了一小时的舞，脚步竟然还跟离开货摊时的一样轻盈！

“给，孩子，拿着。”那个小伙子一边说一边递给贝茜二十五美分，“多亏了你，我们才有时间去享受生活。”

贝茜拿出五美分还给那个小伙子，但是他拒绝了。

“不用了，你拿着当零钱花吧！”小伙子说，“这是你们应得的报酬。”

“那我用这五美分买两个甜甜圈吧！”贝茜说。

“不，不用！”那个女孩说，“你想拿什么就拿什么，不用给钱。这里摆着的那些东西，我们每天都在售卖，所以少一两个也无所谓。来，你们俩都伸出手。”

“有人来买过东西了。”贝茜说。她和莫莉转身要走的时候，突然想起来一件事，于是又说道：“我把卖东西赚的钱放在那个架子上了。”

“哦，好，”那个女孩说，“她不仅帮我看了摊儿，还帮我卖出不少货呢！依我看——”她追上贝茜，给了贝茜一个大大的拥抱。“你这个聪明的小东西。我真希望自己能有一个像你这样聪明的小妹妹！”

然后，贝茜和莫莉急急忙忙地走出门，来到大街上，径直奔向火车站。莫莉边走边不停地吃着她的甜甜圈。她们俩早就饿得不行了，不过在没有买到火车票之前，贝茜什么也吃不下。

走到售票处，贝茜把两毛五分钱和一枚五美分的硬币放到售票窗口，然后充满信心地说了一声“希尔斯伯勒”。事实上，当这两张好不容易才得到的小纸片被塞到她手里的时候，她立刻下意识地紧紧攥住了它们。她此刻的心情十分激动，摇摇晃晃地走到了那边的长椅上，坐了下来。

“哇！甜甜圈这种食物是不是特别好吃？”莫莉说，“我以前就老是觉得甜甜圈不够吃！”

贝茜长长地舒了一口气，然后马马虎虎地抓起一个甜甜圈吃了起来。突然之间，她感到自己十分疲惫！

当贝茜和莫莉从希尔斯伯勒车站走出来的时候，贝茜感到愈发疲惫了。她们向家走去，由于过于劳累，她们的步子显得有些蹒跚。到帕特尼农场还有两英里的路要走，尽管她们以前在这两英里的路上走过无数次，但是在经历了这样曲折的一天后，这条路似乎已经变得没有尽头了。莫莉艰难地迈着双腿，把身体的重量都压在贝茜的手上。贝茜也低着头，步履维艰，眼里是无尽的疲惫感和睡意。就在这时，一辆轻便马车从她们身后转弯处拐了出来，那匹马跑得飞快，看得出车夫非常焦急，车轮被坚硬的路面硌得咔嗒咔嗒直响。两个女孩慌忙地往马路旁边一躲，等着马车驶过。当车夫看到她们后，他立刻拉紧缰绳，弄得马不得不扬起它的前蹄，差点儿立了起来。那人在昏暗的光线下，眯起眼，仔细地打量着两个女孩。突然，他大叫一声，从马车一侧跳了下来。

是亨利姨姥爷——亨利姨姥爷来接她们了！她们不用再步履蹒跚地往前挪了！

亨利姨姥爷飞快地跑到她们身边，大声问道：“你们没事吧？你们没事吧？”他急切地蹲了下来，小心翼翼地抓住她们，好像生怕她们哪里受了伤似的。

“亨利姨姥爷这是怎么了？”贝茜感到很困惑。她能感觉到亨利姨姥爷的手在不停地哆嗦着，还看到他浑身上下都在打战。“哦，是的，亨利姨姥爷，我们都很好。我们是坐火车回来的。”

贝茜一说完，亨利姨姥爷就往后一扬，靠到了篱笆上，好像全身的力气一下子都被抽走了一样。他把帽子摘了下来，擦拭着额头上的汗水。“好啊，好啊——好啊，老天保佑！哦！好啊，真是太好了！现在，你们总算回来了！你们都没事吗？真是太好了！”这一点儿都不像亨利姨姥爷说的话，听起来他是那么兴奋，抑制不住地接连发出赞叹。

他们三个人在马车上坐好以后，亨利姨姥爷已经镇定了许多，他问道：“到底发生了什么事！我们真是吓坏了！今天下午，温德尔一家和他们的表亲很早就驾着马车回来了，他们说你们俩会与沃恩一家一起回来。可是，我们等了一个下午，又等了一个傍晚，就是等不到你们回来。于是，我们给沃恩打电话，看看他们是否回来了，结果他们说根本就没有见过你们俩，甚至连你们去了集市他们都不知道！我跟你们说，我和你们的阿比盖尔姨婆急得团团转。安和我一起把马车准备好，然后向着不同的方向出发来找你们。她骑着普林斯向伍德福德走了，我则赶着杰西向这里狂奔过来，希望自己能在哪儿遇到你们。哦，上天保佑！”他又擦了擦额头上的汗，“看到你们站在这里我真是太高兴了。快，杰西！我们赶紧回去，把这个好消息告诉阿比盖尔！快跟我讲讲今天到底发生了什么事！”

于是，贝茜把事情原原本本地告诉了亨利姨姥爷。最初，她不断被亨利姨姥爷愤怒的评论打断，温德尔一家人居然对小孩这么不负责任，这令他着实气愤不已。不过，随着故事的深入发展，亨利姨姥爷听着听着也就渐渐地平静了下来，一声不吭地听着贝茜讲她的经历，只是会偶尔吆喝一两声，催促杰西快点儿跑。

现在，一切难关都平安地渡过了。贝茜觉得自己的经历非常有意思，她详细地讲述着，生怕漏掉一个细节。有的时候，由于亨利姨姥爷安静得出奇，她不得不怀疑他是否还在听。“就这样，我们买了两张票，坐着火车回来了。”她总结道，“哦，亨利姨姥爷，你真应该找机会去看看那头奖品猪！它实在是太有趣了！”

马车拐进了帕特尼家的院子，他们看见阿比盖尔姨婆正站在走廊上。

“找到她们了，阿比！没事了，都没受伤！”亨利姨姥爷喊道。

阿比盖尔姨婆没有说什么便转身进到了厨房里。当两个女孩拖着疲惫不堪的双腿也走进厨房时，她们发现阿比盖尔姨婆正平静地往桌子上摆放饭菜。她时不时地拉起围裙，擦去脸上的泪水。多么苍白的脸色啊！一向面色红润的阿比盖尔姨婆，脸色竟然也会变得像纸一样白，这可真奇怪！

“天哪，看到你们我就放心了！”阿比盖尔姨婆严肃认真地对她们说，“快点儿坐下来吧，再喝点儿热牛奶。我已经喝过了。”

这时，电话铃响了。阿比盖尔姨婆迅速走到旁边的房间里，那里传来她有些颤抖的声音：“没事了，安。她们已经回来了。你爸爸才刚把她们接回家的，我还没来得及问她们到底发生了什么事。不过，她们都没事，你还是赶紧回来吧。”

“是你们的安姨妈从马歇尔家打过来的。”

阿比盖尔姨婆走过来，重重地瘫坐在椅子上。几分钟后，亨利姨姥爷也进来了。阿比盖尔姨婆虚弱地让他把放氨水的瓶子递给她。亨利姨姥爷马上跑到碗柜那里，把瓶子拿了过来，并且十分体贴地给她拿来了一把扇子和一杯水。他一直焦躁地看着她，直到她的脸色渐渐地好转起来，才将一颗悬着的心放下。“我了解你的感受，孩子妈，”亨利姨姥爷关切地说道，“当我看见她们站在路边的时候，我感觉我的肚子好像突然让人重重地打了一拳似的。”

两个女孩全身上下一点儿力气也没有了，头还有点儿发晕，所以她们除了吃饭，再没有精力去听大人在说些什么。过了一会儿，外面传来一阵急促的马蹄声，安姨妈怒气冲冲地快速走进厨房，她的黑眼睛依旧那么严厉。

“哦，不管怎么样，谁能先告诉我到底发生了什么事！”她愤怒地嚷道，“我觉得那个玛利亚·温德尔太不地道了，真让人生气！”

亨利姨姥爷突然打断安姨妈的话，说道：“让我来给你们讲讲到底发生了什么吧。我也想这么做来着。你和你妈一起坐在这里听着就可以了。”由于情绪过于激动，他的声音一直都在颤抖。他讲了贝茜她们是如何度过这个可怕的下午的，还讲了她们有多害怕，讲了她们有多困惑，讲了她们怎样计划挣钱，讲了她们买了火车票回家的整个过程。他的讲述头一次使帕特尼一家人不再冷静，这也是唯一的一次。随着自己的讲述，亨利姨姥爷眼睛里始终闪烁着愤怒的火苗。

贝茜看着亨利姨姥爷，心里感到一股股暖意。她的心脏因为高兴而怦怦地加速跳动着，一种喜悦感涌现出来。她所做的一切让帕特尼一家为她感到骄傲了！

当亨利姨姥爷讲到贝茜一家一家询问着，试图找到活儿干，却又不断遭到拒绝时，安姨妈伸出长长的手臂，动作粗鲁地将贝茜一把抱了过来，放在腿上，紧紧地搂入怀中。贝茜以前从来没有在安姨妈的腿上坐过。

贝茜讲过的事，亨利姨姥爷事无巨细地叙述了一遍。当他讲完后，他又问道：“这个今天才刚满十周岁的女孩所做的这些事，你们觉得怎么样？”安姨妈突然不再沉默，激动地说道：“我想我从来就没有听说过哪个孩子能像贝茜这么聪明、这么勇敢——而且，我就是要当面表扬她！”

贝茜坐在这两条结实有力的腿上，心里想着，没有哪个女孩能像她这样，过这么一个美妙的生日。

第11章

明白弗朗西斯姑妈的心

贝茜的生日大概已经过去有一个月了，十月里的一天，也就是树叶全都变成红色或者黄色的时候，发生了两件大事。说得更确切一点儿，这两件事是同时发生的。贝茜注意到自己的小猫埃莉诺（她仍然认为它是一只小猫，事实上，它已经是一只成年猫了）很少待在房子里。它每天都会到厨房两三次，大声地叫着要牛奶和食物。但是，它快速地吃完后，就会再一次消失。贝茜很想念那呼噜呼噜的声音，也十分怀念过去那些悠长的夜晚，无论她坐在那里是在下跳棋，还是在大声地朗读，或者做着针线活儿，又或者玩着猜谜游戏，手里却总在抚摸那团趴在自己腿上的小毛球。她也感到很受伤害，因为埃莉诺不再关心她。有好几次，她为了留住它，便试着在它面前放一团线，然后牵动线团吸引它的注意，又或者在地板上滚一个毛线球。但是，这些埃莉诺以前喜欢的东西，似乎一下子都不再对它的胃口。取而代之的是，只要门一打开，它立马就会冲出去，然后消失得无影无踪。

一天下午，贝茜追着埃莉诺来到外面，决心一定要把它抓回来。当猫咪发现有人跟着自己时，它一下子蹿出很远的距离，顺利地躲开了贝茜伸过来的手。当她们来到谷仓门口时，埃莉诺像一团灰色的影子般闪进了开着的门里，贝茜紧跟其后。猫咪蹿上楼梯，像梯子一样的台阶直通向二楼的干草棚。贝茜也迅速地爬了上去。相比较外面十月里白天的炫目阳光，那里漆黑一片，所以贝茜一时没有看见埃莉诺。过了一会儿，她才发现它，一个模糊的身影在干草上小心翼翼地走着，而且她还听到它的叫声，就像在说话一样。是的，它真的在说话，和埃莉诺以往要牛奶喝的时候发出的“喵喵”声十分不同。这是埃莉诺发出的最温柔、最美妙的交谈声，就好像是在咕哝、耳语或轻唱一般。贝茜似乎都听懂了它的话！她明白这些话里充满着爱的倾诉。突然，这一切都被打破了，一种细嫩的尖叫声充满整个干草棚。埃莉诺向前纵身一跃，消失了。贝茜十分激动，以最快的速度爬上了干草棚。

现在，这里变得十分安静——那种微弱、有趣的声音突然间就消失了。干草堆上有一个小小的窝，埃莉诺正躺在里面。它又叫了起来，声音大得隔着所有干草堆都能听到。它的眼睛一闪一闪的，然后它弓起自己的背，打了一个滚儿，抬起了自己的爪子，映入贝茜眼帘的是两只可爱的小猫崽。一只小猫崽和它的妈妈一样，全身都是灰色的皮毛，而另一只却在脖子上有一圈白色的毛，就好像围了一个围嘴一样。

“哦，它们真是太可爱、太奇妙了，真是毛茸茸的一团！”贝茜伸出一根手指轻柔地触摸着灰色猫崽的头，她敏锐地感到这个小小的生命传过来一股浓浓的暖意。“哦，埃莉诺，”她充满热切地询问道，“我能不能抱抱它们呢？”她温柔地抱起灰色的猫崽，并将它凑到脸前。这个小东西安稳地蜷缩在她温暖的双手中。她能够感受到它的爪子正轻轻地挠着她的手心。“哦，你这个小甜心！你还真是个小娃娃呢！”贝茜小声地念叨了一遍又一遍。

埃莉诺不停地叫唤着，而且她看上去很友善，真诚地看着它的小主人与它的孩子亲密接触。不过，贝茜也感受到了埃莉诺有多么在意自己的孩子。尽管贝茜已经十分谨慎了，可埃莉诺还是害怕粗手粗脚的贝茜会把它的宝贝猫崽掉到地上。“我不会再来骚扰你了，埃莉诺，”贝茜说，“我能理解你的感受。给，我不会再碰它们了。”她小心谨慎地把小猫崽放到了它妈妈的身旁。埃莉诺立马开始给它清理毛发，用它强壮的舌头舔呀舔呀的。“哦，”贝茜笑着说，“如果我也被你这样粗暴地舔来舔去的话，我的眼皮会被你舔破的。”

埃莉诺根本就没听见贝茜的话，或者说它被其他声音吸引住了。它不再舔弄自己的孩子，抬起头，竖起耳朵，专注地听着远处传来的声响。过了一会儿，贝茜也听到了那个响声。有人脚步轻盈、敏捷地走进了谷仓。肯定是莫莉，就像往常一样，她是跟着贝茜过来的。给莫莉看看小猫崽该多有趣！

“贝茜！”莫莉在楼下喊道。

“莫莉，”贝茜在楼上应道，“快上来，我要给你看样东西。”

陡峭的楼梯上传来迅捷的爬楼声，很快，莫莉金黄色的卷发就出现在楼梯口。那卷发即使在黑暗中也显得那么有光泽。“我拿了……”她开始诉说，但是贝茜打断了她的话。

“快过来，莫莉，快！快！”贝茜急切地招呼道，就好像莫莉不马上过来，小猫崽就会化成一缕烟飘散在空气中。莫莉忘了自己要说什么，连忙爬上干草棚。不一会儿，莫莉就趴在了这个小家庭的旁边，兴奋得浑身直打战，甚至比贝茜和埃莉诺还要欣喜若狂。小姐儿俩都认为这是世界上最可爱的两只小猫崽。

“看，有两只呢，”贝茜说，“你可以拥有一只做宠物，快挑吧。你最喜欢哪只？”

她希望莫莉不要选那只全灰的，因为在她头一次看见它的时候，她就彻彻底底地爱上了那只小猫崽。

“哦，这只胸口上有白毛的吧，”莫莉毫不犹豫地说道，“它更可爱一些。哦，贝茜！真的能把它给我吗？”

一个白色的东西从莫莉的裙褶里掉到了谷仓的地板上。“哦，对了，”莫莉说，“有你一封信。安姨妈叫我把它拿过来。她说她看见你往谷仓这边来了。”

是弗朗西斯姑妈来的信。贝茜一边拆信，一边用余光盯着莫莉，防止她把小猫抱得太紧。一道充满灰尘的阳光从谷仓墙壁上的裂缝里照射进来，她借着亮读起信来。信读起来很轻松，因为弗朗西斯姑妈写的字又大又重又清晰，女孩不用怎么费劲就能读懂。

在她读信的时候，周围的一切仿佛都失去了颜色，包括谷仓、莫莉和小猫崽。除了信上面的内容，她对所有的一切都视而不见。

她读完信，迅速从地板上爬起来，走下楼梯。小猫崽将莫莉的全部注意力都吸引住了，以至于她完全没有注意到贝茜已经离开了。

贝茜走出充满灰尘的谷仓，来到洒满十月明媚阳光的室外，却没有心思留意这些。她离开谷仓，穿过小屋，爬上牧羊的小山坡，绕过小溪和狼坑，朝着自己最喜欢的枫树走去。开始，她只是快步走着，到后来，她跑了起来，越跑越快，就好像她来不及赶到那里去一样。她低着头，用一条胳膊捂着脸。她想一个人静一静，平复一下自己的情绪。

一小时后，贝茜无精打采地走进了果园，帕特尼一家正在那里干活儿。她两眼通红，可脸色苍白。安姨妈正站在树梢上，肩膀上还背着一个篮子，里面装了半篮红通通的冬熟苹果。亨利姨姥爷正站在一架梯子上，摘着另一棵果树上那黄绿相间、十分有光泽的甜苹果。阿比盖尔姨婆则在周围来回溜达，从风刮落的斑驳的果子里挑出还能吃的，放到一个圆桶里，准备制成苹果酒。

贝茜走路的方式以及她脸上的神情迫使一家人停下手中这些令人愉快的工作，就好像他们中间突然落下了一颗炸弹一样。

“我收到了弗朗西斯姑妈的来信，”贝茜颤抖着双唇说道，“她说她明天过来把我接走，和她们一起住。”

接下来是一阵沉默。安姨妈一动不动地站在树上，通过树叶间的缝隙看着贝茜。亨利姨姥爷从梯子上回过身来，盯着贝茜发愣，一只手还攥着一个苹果，就好像被定在了那里一样。阿比盖尔姨婆双手撑在木桶上，困惑地看着贝茜。贝茜低下头，看着自己的鞋。她的嘴唇还在颤抖，眼睛也已经充满泪水。十月曚昽的太阳慢慢地落了下去，给赫姆洛克山镶了一层金边。树丛间穿过一束束长长的金黄色的光，照在这几个人的身上。大家都沉默着，一动也不动。

贝茜率先开口，她说道：“亲爱的弗朗西斯姑妈，她对我非常好，她总是尽最大努力照顾着我。”

这就是贝茜在红枫树下想明白的事情。她发现自己唯一能够确定的是，无论她要做什么，她都不能伤害弗朗西斯姑妈的感情——亲爱的、友好的、贴心的弗朗西斯姑妈，她的感情是那么脆弱，而且还备感焦虑地照顾了贝茜这么多年。贝茜在那棵挨着小溪的枫树下思考的时候，看着山峰静静地投下的那道蓝色的阴影和枫树红黄相间的树叶，她一遍又一遍地告诫自己，她必须做得比安姨妈更好。她必须做她自己认为是对的事情。这样才能确保弗朗西斯姑妈不会受到伤害。

她的话打破了果园里的沉默。安姨妈背着没有装满的篮子从树上敏捷地爬了下来。亨利姨姥爷也僵硬地从梯子上爬了下来，而阿比盖尔姨婆终于找到了她的眼镜。他们异口同声地说："快让我看看信。"

越过彼此的肩头，他们一脸严肃地读着信。然后，他们依旧沉默着，转过身，向家走去，却把那些装了苹果的袋子、篮子和桶忘在了苹果树下。"好啦，不管怎么样，现在是晚餐时间，"安姨妈庄严地说着，就好像在弥补刚才的失态，"或者说差不多到吃饭时间了。我们最好现在开始着手准备晚饭。"

"我去挤点儿牛奶。"亨利姨姥爷粗声粗气地说道，尽管现在并不是他惯常挤牛奶的时间。他拎起牛奶桶，朝着谷仓走去，步履沉重，低垂着头。

谢普哼的一声醒了过来。它走下沙发，笨拙地一蹦一跳地跑向贝茜。它摇着尾巴，跳起来扑向她，准备和她一起嬉戏。对此，贝茜突然变得难以接受起来。想想看，从明天起她就再也看不到谢普了，也看不到埃莉诺和小猫崽了！她俯下身，双臂环住谢普的脖子，给了它一个大大的拥抱。但是，她不能哭。她不能伤害弗朗西斯姑妈的感情，更不能表现出不想回到她身边的意愿。那样做是不公平的，毕竟弗朗西斯姑妈这么做都是为了她。

当晚，贝茜和莫莉一起躺在床上，莫莉很快就睡着了，而贝茜却失眠了。他们决定不到最后一刻不告诉莫莉这个消息，这样她就能和往常一样平静地入睡了。不过，可怜的贝茜一直将她的眼睛睁得大大的。她看到门缝下射进来一道微弱的亮光。这亮光逐渐变大，然后门被推开了。阿比盖尔姨婆站在门口，头上戴着睡帽，身上白色的睡袍使她看起来像一座小山。姨婆手中的蜡烛照亮了她那张严肃的脸。

“你还没睡着吧，贝茜？”姨婆耳语道，发现孩子那双黑色的眼睛正越过被子盯着她看，“我就是想——我只是想看看你是不是一切都好。”她走到床前，放下蜡烛。贝茜伸出双臂，姨婆俯身抱住她。在这个长长的拥抱过程中，她们俩谁也没有说一句话。然后，阿比盖尔姨婆起身轻柔地拿起她的蜡烛，迈着沉重的脚步，离开了房间。

贝茜翻了个身，把一只胳膊搭在莫莉的身上——以后也见不到莫莉了！

她努力地大口吸着气，眼睛盯着天花板上透过来的点点星光。又有一束光从门缝下面照了进来。它也逐渐变大，这次是亨利姨姥爷站在门口。他手里拿着蜡烛，往屋里照了照。“你睡着了吗，贝茜？”他小心翼翼地问道。

“没有，我还没睡着，亨利姨姥爷。”

老人走进房间。“我只是想起来，”他犹犹豫豫地说着，“你也许会乐意收下我的手表。坐火车的时候能有块表看时间，还是挺方便的。而且，我真诚地希望你能收下它。”

他把手表放在了桌子上。这块表是他二十一岁的时候别人送给他的，他十分珍视这块金手表。

贝茜伸手握住了他那双长满老茧的粗糙的手。“哦，亨利姨姥爷！”她开了个头，可是怎么也说不下去了。

“我们会想你的，贝茜，”亨利姨姥爷的声音怪怪的，“这真的……和你度过的这段日子真的很美好。”

说罢，他起身快速地拿起蜡烛，急急忙忙地走出了房间。

贝茜平躺在床上。“现在不能哭！”她严厉地告诫自己，“现在不能哭！”她紧紧地攥住双手，咬紧牙关。

房间里有什么东西在走动。有人在贝茜身边俯下身。是安姨妈。

她一声不响地用自己强壮的双臂抱起贝茜，将她紧紧地搂入怀中。身体的接触使贝茜感受到安姨妈快速有力的心跳。然后，安姨妈悄无声息地离开了，就和她来的时候一样。

但是，不知道为什么，这个大大的拥抱带走了贝茜眼中和心里灼烧着她的不适感。她感到有些疲惫，没过多久一股困意向她袭来，她紧紧地依偎着莫莉睡着了。

第二天早上，没有人提起前一晚发生的事情。吃过自己准备的早饭，马车也已经被套好了，贝茜和亨利姨姥爷一起驾车去火车站接弗朗西斯姑妈。贝茜围上了安姨妈刚给她织好的酒红色羊绒披肩。披肩上有一圈柔软的白领子，上面还绣着精美的老式花纹。这条白领子是阿比盖尔姨婆在阁楼上的一个旧皮箱里找到的。

一路上，贝茜和亨利姨姥爷什么也没有说，甚至当他们一起在站台上等火车的时候，也没说一句话。贝茜握住亨利姨姥爷的手。当火车呼啸着慢慢地驶进车站时，亨利姨姥爷不由得攥紧了贝茜的手。

只有一个人从火车上走了下来，那个人正是弗朗西斯姑妈。她的穿着打扮十足是一个城里人。她围着一条松软的鸵鸟毛围脖，手戴小羊皮手套，脸上遮着白色的面纱，头戴一顶天鹅绒软帽，上面系着一条长长的蓝色丝巾，随风飘动着。她可真漂亮！而且，面纱完美地将她那张甜美的小脸遮得若隐若现，这显得她非常年轻。弗朗西斯姑妈既兴奋又激动。贝茜已经忘了弗朗西斯姑妈是多么容易激动。她把贝茜揽入怀里，然后突然止住了哭泣——她必须看一眼她的箱子——接着她又搂紧贝茜，并和亨利姨姥爷握了握手。他一贯严肃的脸出现了一种就像吃了最酸的酸泡菜般的奇怪表情，来表示他对弗朗西斯姑妈真诚的欢迎。弗朗西斯姑妈突然激动地回过身，说她一定是把伞落在火车上了。“嗨，列车员！列车员！我的伞——在我座位的右侧——一把蓝色的曲柄雨伞——哦，它就在我手里呢！看我都在想些什么呀！”

列车员立马意识到他最好赶紧发车，于是他喊了一声“所有人都上车了”——其实根本就没有人上车，然后独自一人爬回车上。火车开走了，在陡峭的山坡上发出很响的声音。就在它快要拐弯的时候，火车鸣响了汽笛，形成的回声久久在群山中回荡着。

亨利姨姥爷提起弗朗西斯姑妈的皮箱，缓慢地走回马车。他自己坐在前面，贝茜和弗朗西斯姑妈坐在后面。他们都坐好之后，马车出发了。

弗朗西斯姑妈一次又一次地拥抱贝茜。她说贝茜长高了、变壮了，也成熟了。不过，她没说贝茜变黑了，尽管你能感觉到她已经察觉到这一点。她隔着面纱看了看贝茜棕褐色的脸颊，又看了看握着她苍白纤细手指的那双粗壮有力的深色小手。弗朗西斯姑妈说个不停。

贝茜怀疑她是不是会一直这样激动下去。然后，毫无征兆地，弗朗西斯姑妈宣布了一个重大的消息，这使得她愈发激动了。

弗朗西斯姑妈要结婚了。“是的！想想看！”她说。

贝茜靠在椅背上，吃惊地张着嘴。

“你是不是觉得你的弗朗西斯姑妈是一个愚蠢的老东西啊？”

“哦，弗朗西斯姑妈，不！”贝茜叫道，“你看上去既年轻又漂亮！比我印象中的你年轻许多！”

弗朗西斯姑妈听后十分高兴。“当你的老姑妈成为普林普顿夫人以后，你还会不会像现在这样爱她呢？”

贝茜伸出胳膊，搂了搂弗朗西斯姑妈。“我会永远爱你，弗朗西斯姑妈。”她说。

“你会喜欢上普林普顿先生的。他十分高大强壮，而且很喜欢照顾人。他说就是因为这一点，他才娶的我。你想不想知道我们住在哪儿？”她很快便自问自答地接着说起来，“我们哪儿也不住。这听起来像不像个玩笑话？普林普顿先生的生意使他不停地从一个地方搬到另一个地方，而且每个地方他都待不够一个月。”

“哈利特姑婆怎么样了？”贝茜问。

“什么，哦，她从来就没这么好过，”弗朗西斯姑妈欢快地说，

“而且她的好姐妹，我蕾切尔阿姨从中国回来了，她在那里当了很久的传教士。两个老人家结伴住在加利福尼亚一栋可爱的小平房里，周围种满了玫瑰和金银花。不过，你得跟我住在一起。亲爱的，难道你不觉得不停地从一个地方搬到另一个地方是一件很新奇好玩的事吗？而且，这所有的地方都是你第一次去。”

尽管弗朗西斯姑妈的话是这么说的，不过贝茜从她的脸上和话里猜到，也许弗朗西斯姑妈并不像她自己所说的那样对这些事这么感兴趣。贝茜的心开始剧烈地跳动起来，不得不紧紧地抓住马车的扶手，然后她尽可能平静地询问道：“不过，弗朗西斯姑妈，在你们环游世界的时候，我不会成为你们的负担吗？”

弗朗西斯姑妈听出了弦外之音，琢磨着贝茜的话说明她并没有接受自己的建议，也不如自己想象的那般渴望离开帕特尼农场。

后来，她们俩都不再说话，凝视着对方，彼此间的距离仿佛被刚才的话拉远了。红色的漆树和古铜色的山毛榉热情地向她们摆动着树枝，可她们却没有注意到。她们专注地盯着对方，生怕自己的话伤了对方的心。

过了一会儿，弗朗西斯姑妈突然回过神儿来，亲切地用胳膊环住贝茜，说道：“哦，你这个小淘气，如果弗朗西斯姑妈最爱的小姑娘能感到开心，她怎么还会觉得麻烦呢？”

贝茜坚决地说："哦，你知道的，弗朗西斯姑妈，我真的很喜欢和你在一起！"她尝试着穿过彼此间的隔阂，继续说道："不过，说实话，弗朗西斯姑妈，我真的不会成为你的困扰吗？"

弗朗西斯姑妈换了一种方式和她说道："不过，我亲爱的小姑娘，你肯定要有个家啊……"

贝茜不再有顾虑，大胆地说道："不过，我能住在这儿啊！我知道他们都希望我留下来。"

即便弗朗西斯姑妈戴了双层面纱，也挡不住她俊俏的小脸上因欣慰和希望而闪出的亮光。她鼓起所有的勇气，越过两人之间的隔阂，大胆地问了出来："你真的喜欢待在这儿吗，伊丽莎白·安？你愿意住在这里？"

贝茜已经顾不得掩饰自己的兴奋了，她大声地叫出来："哦，我爱这个地方！"然后，她们彼此真诚地凝视着对方，眼睛里都闪着愉快的光芒。

弗朗西斯姑妈抱住贝茜，又问道："亲爱的，你确定？"她并没有隐藏自己对此松了一口气，而且贝茜也没有。

"当你搬到这附近的时候，我可以随时去看你。"贝茜喜滋滋地建议着。

"哦，当然了，我肯定会空出时间来招待我最亲爱的！"弗朗西斯姑妈说。这下堵在她们心头的大石终于被移开了。

她们默默无言，心满意足地依偎着彼此。亨利姨姥爷把马车停在了大理石垫脚凳前，贝茜先从马车上蹦了下来，然后亨利姨姥爷又帮着弗朗西斯姑妈走下马车。贝茜像疯了一样，连走带跑地冲到门口，猛地将门打开，和正要出门的阿比盖尔姨婆撞了个正着。这感觉就像突然扑到了一个羽绒床垫上。

“哦——哦！”贝茜倒抽了一口气，“弗朗西斯姑妈要结婚了，然后她会四处旅行。而且，她真的不想带我一起去！我能留在这里吗？我能不能住下来呢？”

安姨妈正好在阿比盖尔姨婆身后，她听到了所有这一切。她越过祖孙俩的肩头，看着正朝这边走过来的弗朗西斯姑妈，然后用她以往平静而坚定的语调说道：“你好啊，弗朗西斯。很高兴看到你。你看上去可真不错。我听说你马上就要办喜事了，那个幸运的男人是谁呀？”

贝茜对安姨妈在得知了这么重要的消息后还能如此冷静很是钦佩，她自己也冷静下来。她知道阿比盖尔姨婆可做不到这一点。姨婆现在正坐在一把摇椅上，把贝茜也抱到自己腿上。贝茜看到她满是皱纹的手正紧紧地抓着椅子扶手。

“我希望这意味着，”安姨妈继续说着，直指重点，“贝茜可以和我们继续住在一起。”

“哦，你们愿意吗？”弗朗西斯姑妈焦虑地问道，就好像她自己从来没这么想过一样，“伊丽莎白·安真的愿意住在这儿吗？”

“哦，我愿意，真的！”贝茜说着，满怀自信地看着阿比盖尔姨婆的脸。

现在，阿比盖尔姨婆终于开口了。她说之前先清了两遍嗓子，然后说道：“哦，当然了，我们也很希望她能留在这儿。我们已经习惯了有她陪伴的日子。”

她就说了这么多。不过，这真的是非常愉快的一天，人们脸上的表情远比他们所说的表达得多得多。尽管阿比盖尔姨婆说的时候十分平静，但是从她抽动的嘴角可以看出，她正拼命地忍住笑意。她立马跟安姨妈说：“递我一块手绢，安！”她一边吸着鼻子一边说着：“哦，我可真蠢！”

然后，突然之间，屋子里就好像灌进了一大股新鲜空气，大家都不由得深吸一口气，开始愉快地大声交谈起来。他们聊着天气，弗朗西斯姑妈的旅行，哈利特姑婆的身体，弗朗西斯姑妈住哪个房间合适，以及她要不要把外套留在大厅，还是拿到楼上去。在他们热烈地聊着的同时，贝茜的心都要跳出来了，她猛冲出大门，后面跟着谢普。她狂奔着穿过谷仓，自己也不知道要跑向哪里。她只知道自己必须得跑、得跳、得大叫，否则她就会爆炸。

谢普也又跑又跳的，学着贝茜的样子。

她们两个疯跑着，就像两片秋天里被风吹起来的落叶。莫莉闻声出现在谷仓门口。

“我可以留下了！我可以留下了！”贝茜大叫道。

不过，莫莉并不清楚其中的缘由，所以她只说了一句“当然了，为什么不呢”，然后就表情严肃地讲起了一件十分重要的事：“我的小猫崽会走了！它刚刚走了三步呢！”

弗朗西斯姑妈把行李放好后，贝茜带着她四处转了转。她们先在屋子里参观了一圈，重点看了看起居室。“这里是不是很舒服？”贝茜说。她示意给弗朗西斯姑妈那些白色的桌布，漂亮的鲜花，照进来的阳光，书架和干净的厨具。她的眼中满是幸福欢笑。她已经忘了自己第一次进到这个房间的时候，觉得这里是如此的贫穷简陋。她也没有注意到弗朗西斯姑妈对这一切并不感兴趣。

贝茜在这里停留了一会儿，洗了几个土豆，并把它们扔到炉子里，为午饭做准备。弗朗西斯姑妈睁大眼睛看着这一切。“我负责土豆和苹果，哦，我的意思是负责烹饪它们，”贝茜骄傲地解释道，“我正学着做苹果馅饼和苹果布丁呢。”

然后，她们又来到位于地下的牛奶屋，阿比盖尔姨婆正在那里做黄油。在弗朗西斯姑妈的注视下，贝茜拿起木质模子，娴熟地用它做了一个表面十分平滑的黄油卷。这个黄油卷超不过两盎司。

“哦，孩子。想不到你都能做这个了！”弗朗西斯姑妈说道，她越来越惊诧了。

她们来到室外，谢普也跟了过来。贝茜惊讶地发现，只要谢普一靠近弗朗西斯姑妈，她就立马紧张地往后一闪。在谷仓外，面对着陡峭的台阶，弗朗西斯姑妈完全退缩不前。“哦，我不能！我真的做不到，亲爱的。你真上去过吗？它真的安全吗？”对此，贝茜感到很失望。

“怎么了，阿比盖尔姨婆还爬上去看了猫崽呢！”贝茜马上就要怒吼了。不过，当她看到弗朗西斯姑妈那紧锁的眉头时，她的心一下就软了。贝茜把小猫崽抱到楼下，埃莉诺焦虑地在楼梯口转来转去。

在走回家的路上，她们又经历了一次冒险。这件事使贝茜头一次意识到自己有多爱亲爱的弗朗西斯姑妈，也明白了这是一种怎样的爱。

当她们路过谷仓空地时，一头牛犊向着她们猛冲过来。它抬起前蹄比画了两下，然后用还没有长出角的头假装向她们顶了过来。

贝茜和谢普经常和这头牛犊像这样玩上半小时，所以她现在觉得这样做没什么大不了的，甚至都没有注意到小牛犊。

不过，弗朗西斯姑妈却发出了一声撕心裂肺的尖叫，就好像她马上就要被撕成碎片了一样。“救命啊！救命！”她哭喊道，“伊丽莎白·安！哦，伊丽莎白·安！”她吓得脸色像纸一样苍白，浑身瘫软，一步也挪不动了。

“没事！没事的！”贝茜十分不耐烦地说道，“它和你闹着玩呢。我们经常和它这样玩，哦，我和谢普。”

牛犊低着头冲了过来。“滚开！”贝茜满不在乎地说道，还踢了牛犊一脚。

这个对贝茜来说再熟悉不过的动作，却使弗朗西斯姑妈大呼小叫道：“哦，好样的，伊丽莎白·安，让它快走开！让它赶紧走开！”

贝茜突然意识到弗朗西斯姑妈是真的害怕了，她不再漫不经心，立刻打起精神。她感到必须像对待莫莉那样对待弗朗西斯姑妈，于是她立马行动起来。她跳到弗朗西斯姑妈面前，抄起一根小木棍，朝小牛犊的脖子抽过去。牛犊大吃一惊，连忙跑到一边，用委屈的眼神望着自己的玩伴。不过，贝茜对此毫不在意，因为弗朗西斯姑妈不再害怕了。

“谢普快过来！”贝茜大声招呼着。大狗走过来围住她，她指着牛犊严厉地说：“把它带回谷仓！把它赶回谷仓，快！”

谢普立马执行了这个指令，扑向牛犊，冲它一通狂吠，还不停地跳来跳去，好像它要把牛犊生吞活剥了一样。这两个小家伙穿过小路，走进了低矮的谷仓。过了一会儿，谢普走了出来，吐着舌头，摇着尾巴，眼睛发着亮，神情骄傲地守在门口。

弗朗西斯姑妈急忙拼了命似的跑出了农场大门。她倚靠到一块大石上，气喘吁吁，脸色苍白，神色慌张。贝茜搂住她，轻轻地安慰着她。她意识到自己理解了弗朗西斯姑妈，这是任何人都做不到的。她亲爱的、美丽的、敏感的姑妈！她将姑妈苍白纤细的手指放在自己强壮有力的黑黝黝的手中。“哦，弗朗西斯姑妈，亲爱的、最爱的弗朗西斯姑妈！”贝茜激动地说着，“我多么希望能永远地照顾你。”

当贝茜和亨利姨姥爷送走弗朗西斯姑妈，从火车站返回时，最后一片金红色的叶子慢悠悠地落到了地上。这次，他们祖孙俩可不像接弗朗西斯姑妈时那样沉默了。他们愉快地聊着天，对马上就要到来的冬天做着打算。“我明天必须得把房子加固一下了，”亨利姨姥爷谨慎地说，“而且那些苹果也得赶紧制成苹果酒了。贝茜，你想不想亲手摆弄一下这些苹果，把它们制成苹果酒呢？”

“哦，天哪，我当然想啦！”贝茜说，“这肯定很有趣。而且，我得把黛博拉的夏装收起来了，然后让安姨妈教我做几件冬装给它。这样天气冷了以后，我还能把它带到学校去。”

他们走进院子以后，看到埃莉诺从谷仓那边走了过来，嘴里还叼着一个沉甸甸的东西。它努力地抬着头，可是即便如此，它嘴里的东西还是在地上拖着，轻轻地撞击着凹凸不平的小路。“看！”贝茜说，“快看埃莉诺抓到了一只大老鼠。”

亨利姨姥爷盯着猫咪看了一会儿，然后笑了起来。“看来我们不是唯一在为过冬做准备的人。”他评论道。

贝茜不明白他话里的意思。她顺着车轮匆忙爬下车，跑过去看猫咪。当她出现在埃莉诺的眼前时，猫咪放下嘴里的东西，减轻了自己的负担，用真诚的眼神看着它的小主人。这是一只小猫崽！埃莉诺正把它叼到屋子里去。哦，当然了！现在天气已经越来越冷了，再待在寒冷的干草堆上，它们肯定受不了。贝茜捡起这个正用弱小的四肢在地上爬动着的小毛球。她小心翼翼地把它抱到屋里，埃莉诺围在她身旁，用“喵喵”的叫声告诉她怎么做才能让小猫崽更舒服。贝茜觉得她能听懂它的话。“是呀，埃莉诺，炉子后面有一个漂亮的小篮子，那里面还有一块暖和的旧毛毯。是啊，我会帮你把它收拾一下的。那个篮子肯定很适合一家人一起住。我一会儿就会把另一只猫崽帮你抱过来的。”

不过，很明显，埃莉诺没有听懂女孩的话。贝茜来到炉子后面，找了一个角落给猫咪做了一个窝，当她回过身的时候，发现埃莉诺不见了。于是，贝茜跑到谷仓去找它，发现它的头又吃力地抬着，嘴里正叼着另一只胖乎乎的猫崽。小猫崽紧紧地蜷起它粉色的小爪子，害怕它们被路上的小石子硌到。“好啊，埃莉诺，”贝茜有一点儿生气地说道，“看来你并不信任我。我本打算到这儿把它接走的。”

“好啦，”阿比盖尔姨婆说道，她和贝茜一起走进厨房，“你现在可得教它们喝牛奶了。”

“好主意。”贝茜说，“不过它们真的不知道该怎么喝牛奶吗？”

“你给它们倒一点儿试试。”阿比盖尔姨婆神秘兮兮地说道。

于是，当亨利姨姥爷把一桶香甜、温乎的牛奶拎进来后，贝茜立刻将一点儿牛奶倒进了小盘子里，把它端到小猫崽面前。她和莫莉趴到地上，看着猫崽，可没过多一会儿，她们俩就哈哈大笑起来，甚至在厨房的地板上打起了滚儿。一开始，猫崽对牛奶视而不见，它们盯着周围看来看去，却偏偏看不到它们鼻子底下的牛奶。然后，灰仔（就是贝茜喜欢的那只猫崽）心不在焉地踩着盘子走了过去，却被弄湿的爪子吓了一跳，满脸的紧张和惊慌。莫莉又叫又闹地看着小猫甩着它粉嫩的小爪子。最后，灰仔一屁股坐了下来，认真地把爪子舔了个干净。而白围嘴（莫莉喜欢的那只猫崽）则把它的头扎进了盘子里。

“看哪！我的小猫比你的要聪明。”莫莉说。不过，白围嘴是一头扎到盘子里的，所以牛奶溅到了它的眼睛里，弄得它也是一脸惊慌和恐惧。它迅速抬起头，打了一个喷嚏，接着又打了一个。它用爪子不停地胡噜着自己粉色的小鼻子，直到埃莉诺看不过去，才帮它把鼻子弄干净。在这个过程中，埃莉诺看到了牛奶，马上走过去，快速地喝了起来。很快，盘子就见了底，可埃莉诺还在用粗糙的舌头大声地舔着盘子。小猫崽的第一堂课就这样结束了。

当晚，一家人围着台灯坐好后，埃莉诺像过去一样，跳上贝茜的腿，趴了下来。贝茜正和亨利姨姥爷下着跳棋，她停下手中的游戏，欢迎了猫咪的回归。不过，埃莉诺并没有放松下来，它竖起耳朵，紧张地盯着篮子。篮子里，小猫崽正紧紧地依偎在一起，它们看上去就像一团柔软的灰色毛球。埃莉诺时不时地从贝茜的腿上跳下来，走过去看一眼篮子。它每次只在篮子那里待一小会儿，站在小猫崽旁，轻轻地舔一舔它们，然后就又回到贝茜的腿上。

“这只猫怎么这么烦躁不安？”安姨妈说道，她注意到埃莉诺十分不安，总在篮子边徘徊。

“也许她想让贝茜把它的宝宝也抱过来。”阿比盖尔姨婆猜着。

“哦，这没问题！”贝茜说，张开腿，用裙子撑起很大一块空当。

“不过，我想自己抱着我的白围嘴！”正在穿珠子的莫莉抬起头说道。

“好吧，也许埃莉诺愿意让你抱抱它的宝宝呢。”安姨妈说。

两个女孩都朝篮子跑去，每人抱回一只小猫崽。埃莉诺一开始很焦虑，但是当她们俩一坐下来，埃莉诺就变得很高兴，跳到贝茜的腿上，和灰仔躺在一起。这下，它终于心满意足了，发出平和舒缓的呼噜声，声音大到整间屋子里的人都能听到。

“好啦，这下你可以安然地度过冬天了。”阿比盖尔姨婆对埃莉诺说道。

时间一点一点地过去了，安姨妈爆了一些玉米花，谢普跑下沙发，蹭着贝茜的膝盖，要一把爆米花吃。这时，埃莉诺睁开一只眼睛，一看到是这位老朋友，就又闭上眼睛，接着睡去了。不过，灰仔却被吓醒了，它看到这个丑陋的怪物离自己这样近，自己的小命随时都有可能交待了。它竖起自己可笑的小尾巴，张着粉嫩的小嘴，发出娇柔的嘶嘶声。它狠狠地用自己小小的爪子抓了老谢普那张人畜无害的脸。贝茜见状哈哈大笑，不过她抱起灰仔，把它亲昵地凑到脸旁。看着这些小猫崽一点点长大是一件多么有趣的事情啊！

老谢普轻轻地走回沙发，它的脚趾划着地板，困难地跳到沙发上，睡觉去了。灰仔又重新蜷缩成一个球。埃莉诺从梦中醒了过来，起身伸了个懒腰，充满信任地将自己的头依着自己小主人的手。贝茜只好用另一只手下跳棋。

在下跳棋期间，当亨利姨姥爷在衡量下一步怎么走时，贝茜低头看着自己的宠物们，心不在焉地听着围绕着老房子的尖锐的秋风声。风吹动了百叶窗，窗户哗啦啦地响着。火炉里的木柴烧成了两半，掉到了炉底，发出了轻轻的一声响。明亮的灯光照着亨利姨姥爷，他正弯着腰，严肃地下着棋，照着莫莉圆圆的脸庞和富有光泽的头发，照着阿比盖尔姨婆玫瑰色的脸颊，照着安姨妈平静的黑眼睛。

整个房间里都充盈着幸福。